NOTES BIOGRAPHIQUES

SUR LE

GÉNÉRAL D'AUTICHAMP

Tiré du cabinet de M. Paul Frappier.

GUERRES DE VENDÉE

NOTES BIOGRAPHIQUES

SUR LE

GÉNÉRAL D'AUTICHAMP

1770-1859

D'APRÈS DES DOCUMENTS INÉDITS

PAR

CH. D'AVAILLES

Ouvrage enrichi d'un portrait du général d'après Émile Lassalle.

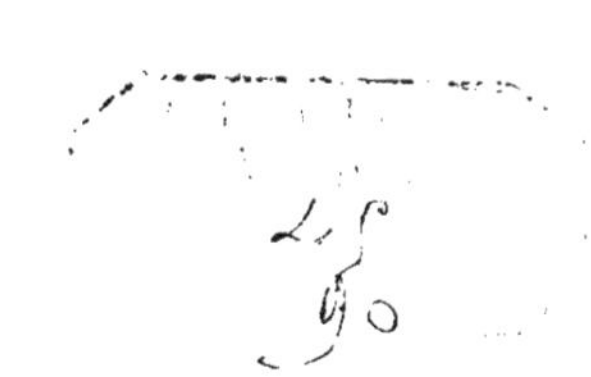

NIORT
L. CLOUZOT, LIBRAIRE-ÉDITEUR
22, RUE DES HALLES, 22

1890

INTRODUCTION

On rapporte qu'à la bataille de Cholet, dès la première charge des Vendéens, Carrier, — le bourreau proconsul, — voyant plier les lignes de l'armée républicaine, chercha prudemment son salut dans la fuite, abandonnant les troupes qu'il avait mission d'animer par son exemple : « Soldats, dit en riant Kléber, laissez passer le citoyen représentant ; quand vous aurez vaincu, il tuera ! »

Kléber ne se trompait pas, mais à combien d'autres encore pourrait s'appliquer justement cette parole ? Après chaque campagne, ne voit-on pas, en effet, les jaloux et les envieux qui, durant la lutte, se sont tenus loin du danger, venir critiquer, outrager même, ceux qui généreusement ont su faire leur devoir?

Ce fut ainsi que, pendant la première période de la Restauration, il se répandit, en Vendée, un grand nombre de brochures et de manuscrits relatant, avec plus ou moins d'exactitude, les événements de la campagne de 1815.

Le général d'Autichamp y fut particulièrement attaqué, mais comme la plupart de ces écrits étaient sans valeur et leurs auteurs sans autorité, il dédaigna de répondre à des critiques et à des injures parties de si bas. Cependant, lorsque de Beauchamp, dans son *Histoire de la Guerre de la Vendée,* donna un caractère plus direct aux attaques et aux calomnies, l'ancien chef royaliste crut devoir se départir de cette réserve et défendre son honneur, en même temps que celui des troupes qu'il venait de commander.

« L'ignorance, selon sa propre expression, se montra, dans sa folle présomption, aussi maladroite que perfide. » Pour en combattre les effets désastreux, il livra au public quelques extraits de son journal militaire.

Blessé dans sa dignité, le comte d'Autichamp avait, à cette époque, saisi la plume, comme il avait autrefois tiré l'épée, franchement, loyalement, mais avec la vivacité d'un soldat. Ses notes s'en ressentirent. Rédigées à la hâte, elles furent incomplètes. Malgré leur brièveté, elles auraient dû cependant, en raison du caractère de leur auteur, suffire à éteindre les injustes préventions; les adversaires du général y trouvèrent, au contraire, un nouvel aliment à leurs attaques, et la série des calomnies reprit avec une extrême violence.

En 1818, lorsque le baron Canuel publia ses *Mémoires sur la guerre de 1815*, le fidèle Royaliste fut tenté de répondre au transfuge des armées républicaines, pour réfuter les erreurs dont fourmillait cet ouvrage, « pour démolir cet amas incohérent d'assertions fausses et d'insinuations malveillantes. » Louis XVIII lui demanda de garder le silence, afin de ne pas raviver de funestes dissensions. Pour d'Autichamp, ce désir était un ordre : il s'y conforma religieusement et « sacrifia ainsi son amour-propre à l'intérêt de la Monarchie. »

« Sentant néanmoins la nécessité de faire connaître un jour la vérité, il recueillit ses souvenirs et rassembla les matériaux qui devaient lui être utiles pour retracer l'histoire de sa vie agitée. » Les importantes fonctions dont il fut investi sous la Restauration, la campagne de 1832, son séjour en exil, pour éviter l'exécution d'une sentence capitale prononcée contre lui en 1832, arrêtèrent successivement ce travail. Ce ne fut qu'à son retour en France, après son acquittement, qu'il put s'en occuper activement.

Son ouvrage était à peu près terminé, lorsque Crétineau-Joly fit paraître l'*Histoire de la Vendée Militaire*. D'Autichamp y reconnut « les conceptions et les vues du général Canuel » ; il y retrouva « les mêmes erreurs admises sans discernement, accueillies et propagées avec la même ignorance ou la même prévention ». Il résolut alors de remanier entièrement son premier ouvrage et de « le livrer au public », voulant ainsi « constituer et consolider la plus belle partie de l'héritage de ses enfants, un nom sans tache et sans reproche ».

Malheureusement, la mort vint le surprendre lorsque son travail, complètement achevé, allait être livré à l'impression.

C'est ce précieux manuscrit, rédaction définitive et *ne varietur* d'une œuvre tant de fois reprise et abandonnée, que nous avons eu la bonne fortune de retrouver, près de trente ans après la mort de l'auteur. Sans cela, nous n'aurions jamais eu l'idée d'écrire ces *notes biographiques*, très incomplètes sans doute et d'un intérêt bien moins considérable que les *Mémoires originaux* qui les ont inspirées, mais suffisantes néanmoins pour en faire connaître la substance et sauver de l'oubli des documents d'une si haute importance (1). C'est le seul mérite que nous réclamons pour cette publication.

Les *Mémoires* du général d'Autichamp se divisent en deux parties. La première, consacrée à l'insurrection de 1815, complète la brochure éditée en 1817 ; la seconde concerne les événements de 1832 et contient des documents absolument inédits. Le Général, à cette époque, commandait en chef les troupes de la rive gauche de la Loire ; par cela même, les appréciations qu'il émet, les jugements qu'il porte, les pièces officielles qu'il cite, ont un intérêt considérable au point de vue purement historique.

Nous passerons rapidement sur les premières guerres vendéennes : le rôle de d'Autichamp, quoique toujours brillant, n'ayant été que secondaire. Nous nous arrêterons un peu plus sur les événements de 1815 et de 1832, mais en résumant *la vie militaire* du général royaliste d'après ses propres *Mémoires*, nous lui laisserons l'entière responsabilité de ses appréciations, ne vou-

(1) Ces *Mémoires*, écrits sous la dictée du général d'Autichamp ou recopiés sur ses notes par son secrétaire intime, M. Marc Collinet, furent achetés, à la mort de ce dernier, vers 1882, par M. B. Ledain, président des Antiquaires de l'Ouest, qui réunissait alors des matériaux pour écrire une histoire des guerres de Vendée. Plus tard, ce manuscrit devint la propriété d'un amateur poitevin, M. Cesbron, qui consentit, avec une bonne grâce parfaite, à nous le céder pour en faire la publication. Malheureusement, à la suite d'incidents regrettables que, par respect et par déférence, nous désirons laisser dans l'ombre, Mme la Marquise d'Autichamp nous a formellement interdit de mettre à exécution ce projet, si conforme pourtant à la volonté nettement exprimée de son aïeul.

lant, — pour notre part, — ni juger, ni défendre, ni attaquer.

Cette observation faite, principalement pour la campagne de 1815, nous la renouvelons pour les événements de 1832. Nous ne partageons pas, du reste, l'opinion du général d'Autichamp sur cette prise d'armes, et nous croyons que si des détails, restés secrets jusqu'à ce jour, étaient dévoilés, on se re ndrait compte que le soulèvement avait des chances sérieuses de succès. Grâce à certains documents obligeamment mis à notre disposition, nous espérons laisser entrevoir, — dans un travail ultérieur, — quelles mesures avaient été prises, quelles promesses avaient été faites par les puissances étrangères, sur quel appui on pouvait compter en France... Alors, peut-être, l'insurrection se présentera sous un jour différent, et l'on ne pourra plus reprocher à Mme la duchesse Berry d'avoir entrainé ses partisans dans une équipée, chevaleresque sans doute, mais aussi téméraire que périlleuse.

Le comte d'Autichamp ne va pas jusque-là, il est vrai, mais il laisse voir sa conviction bien arrêtée que le mouvement ne pouvait réussir, et qu'en apportant, sans hésitation, son concours « à une entreprise dont il prévoyait la triste issue, il ne faisait qu'obéir à la voix de l'honneur et donner une nouvelle preuve d'un dévouement pur et désintéressé ».

C'est ce dévouement et cet honneur qu'il nous plait de rappeler, et dût notre récit ainsi mutilé perdre de son intérêt, nous espérons cependant qu'il ravivera, — s'il est possible, — le souvenir d'un héros vendéen, en montrant d'Autichamp, partout et toujours fidèle à sa devise :

DIEU ET LE ROI !!

Château d'Availles, 1890.

LE GÉNÉRAL D'AUTICHAMP

PREMIÈRE PARTIE

1793 — 1796 - 1799

CHAPITRE PREMIER

1793

Charles-Marie-Auguste de Beaumont d'Autichamp, né à Angers le 8 août 1770, était le troisième fils d'Antoine-Eulalie-Joseph de Beaumont, comte d'Autichamp, maréchal de camp, et de Agathe-Jacquette Greffin de Bellevue.

Volontaire en 1782 dans le corps de la *Petite-Gendarmerie*, lieutenant en 1785 au *Régiment Dauphin*, il fut nommé capitaine au *Royal-Dragons* le 20 septembre 1787 et occupa, pendant deux années, les fonctions d'aide-de-camp de son oncle, le marquis d'Autichamp.

Au début de la Révolution, il suivit sa famille en émigration, mais, après quelques mois passés à Coblentz, jugeant sans doute qu'il y avait plus noble et plus utile besogne à faire en France, il repassa la frontière et entra, en qualité d'adjudant-major, dans la Garde Constitutionnelle du Roi. Ce corps licencié, il continua, sur les instances de Louis XVI, son service en habit de ville et, au 10 août, il fut encore du nombre de ces fidèles gentilshommes qui tentèrent en vain de protéger la Personne Royale contre la populace.

Comme Charette et La Rochejaquelein, et plus heureux que tant d'autres dont les cadavres marquèrent, à travers les salles du Château, la première étape du calvaire de la Royauté, d'Autichamp parvint à s'évader par une issue secrète donnant sur le jardin des Tuileries. Le but de cette poignée de braves était de rejoindre le Roi à l'Assemblée, mais une infranchissable barrière humaine les enserra et les contraignit de se disperser pour se soustraire à la fureur de l'émeute. Quelques-uns réussirent à gagner la terrasse du bord de l'eau, d'où ils purent se dissimuler dans la foule. D'Autichamp traversa le Couvent et sortit par la rue Saint-Honoré.

Il se croyait à l'abri de ce premier danger, lorsqu'un ouvrier le reconnut et voulut l'arrêter. Un coup de pistolet, tiré à bout portant, le débarrassa de ce fâcheux, mais la foule se rua sur lui et il tomba légèrement blessé. Un fédéré, garçon boucher, proposa alors de mener cet aristocrate à la place de Grève, théâtre habituel des « égorgements populaires ». Mille cris de mort saluèrent cette lâcheté, et le malheureux officier fut traîné à travers la rue Saint-Honoré, le Carrousel et les Quais jusqu'à l'Hôtel-de-Ville.

Pendant que Charette réussissait à tromper la foule, grâce à la cuisse mutilée d'un Suisse, dont il se faisait un lugubre passe-port, d'Autichamp devait également son salut à un épisode à peu près semblable. Au moment où il arrivait sur la place de Grève, un détachement de Suisses y étaient amenés, pour être égorgés « de la main du peuple » ! Avec ce sang-froid et cette décision rapide qui marqueront plus tard parmi les plus brillantes qualités de ce tempérament militaire, il mit à profit la diversion que ce mouvement opéra sur l'attention populaire. Se débarrassant brusquement de l'étreinte de son conducteur, il lui arracha son couteau et le lui plongea dans la poitrine ; puis se penchant sur le cadavre d'un Suisse, égorgé à ses pieds, il saisit un lambeau rouge de son uniforme, et, ce triste trophée d'une main, son couteau sanglant de l'autre, il se fraya un passage à travers la foule.

Coup sur coup, il venait d'échapper deux fois au massacre, mais il se trouvait sans asile. Il ne pouvait, en effet, songer à se réfugier dans son hôtel du Marais, où l'un de ses domestiques, devenu farouche patriote et pilier assidu des Clubs, ne manquerait pas de le dénoncer et de le livrer. Il se dirigea alors vers un cabaret dont le propriétaire lui était connu : le hasard le ramena près de celui qu'il cherchait à éviter, et la première personne qu'il aperçut en entrant fut ce même domestique, pérorant au milieu d'un groupe nombreux.

Fort heureusement cet homme valait mieux que ses opinions. En dépit de ses égarements politiques, il n'avait pas perdu tout sentiment de reconnaissance, et il n'hésita pas à prendre son ancien maître sous sa protection. Il alla à sa rencontre, le rassura sur ses intentions et le garda près de lui jusqu'au moment où, grâce à l'obscurité, il fut possible de circuler sans danger dans Paris.

Dès le lendemain, d'Autichamp s'informa du sort de ses amis et apprit, hélas! combien était longue la liste de ceux qui avaient été victimes de leur dévouement. Il découvrit cependant la retraite de La Rochejaquelein et tous deux prirent aussitôt la résolution de retourner dans le Poitou.

Après mille difficultés, ils arrivèrent à Orléans. De là, déguisés en bateliers, ils purent descendre la Loire et se réfugier au château de Saint-Gemmes, propriété de la famille d'Autichamp.

Le séjour de La Rochejaquelein y fut de courte durée et les deux amis se séparèrent. Mais marqués l'un et l'autre pour de nobles tâches, la Providence devait les réunir promptement. La Vendée se levait en masse. Déjà l'on pouvait entendre le sourd branle-bas de la grande guerre! Encore quelques mois, et Henri de La Rochejaquelein, généralissime de vingt et un ans, allait s'improviser grand homme de guerre et s'immortaliser héros, tandis qu'à ses côtés d'Autichamp allait continuer sa vie de dévouement et de bravoure.

Ce fut à Saumur, dont les Royalistes venaient de s'emparer le 10 juin 1793, que d'Autichamp rallia l'armée vendéenne. Dès son arrivée, de Bonchamps lui confia le commandement en second de la division de Saint-Florent, placée sous les ordres de Fleuriot.

La malheureuse tentative dirigée contre Nantes fut la première affaire du nouvel officier général. C'était, il faut le reconnaître, un début bien rude pour un jeune chef de corps, si peu familiarisé avec la tactique vendéenne. Son initiative et son sang-froid furent soumis à une lourde épreuve et il donna, dans cette journée, la mesure de son courage et de ses talents militaires.

En vertu des dispositions précédemment arrêtées pour l'attaque du 29 juin, les forces royalistes opérant sur la rive droite de la Loire avaient été divisées en deux corps. Le 28, la première colonne, sous les ordres de Cathelineau et de d'Elbée, se dirigea vers le village de Nort pour y passer l'Erdre et marcher, de là, sur Nantes par la route de Rennes. La deuxième colonne, commandée par de Bonchamps, — aile gauche, — et par Stofflet, — aile droite, — s'avança par Oudon, parallèlement à la rivière, dans le but d'aborder la ville par les routes de Paris et de Vannes et par la prairie de Mauves. Fleuriot et d'Autichamp, détachés de cette dernière division, remontèrent jusqu'à l'Erdre, chargés de maintenir les communications entre les deux corps d'armée.

A la nuit tombante, le détachement et la première colonne se trouvaient devant Nort. Mais ce passage, que l'on espérait effectuer sans coup férir, fut, au contraire, extrêmement difficile. Retranchés derrière l'Erdre, assez forte sur ce point, six cents Républicains, commandés par le ferblantier Meuris, tinrent tête aux forces vendéennes pendant toute la nuit, et d'Elbée allait même donner le signal de la retraite, lorsque d'Autichamp, en traversant un gué, parvint à tourner l'ennemi et à dégager la position.

Malgré ce retard si préjudiciable, à 7 heures du matin, le 29, l'investissement de Nantes fut complet et la lutte s'engagea de tous les côtés avec une fureur inouïe. Tandis que, au Nord, Cathelineau débouchait par la porte de Rennes, Bonchamps, à l'Est, forçait la première ligne des retranchements et pénétrait dans le faubourg Saint-Clément. Sur ce point, la lutte devint des plus meurtrières et la division de Saint-Florent, qui avait rejoint le corps principal, fut décimée par l'artillerie républicaine. Presqu'au début de l'action, Fleuriot tomba mortellement frappé et d'Autichamp qui prit sa place eut deux chevaux tués sous lui. Au lieu de l'arrêter, cette résistance désespérée excita son ardeur : il s'élança de nouveau dans la mêlée et, en peu d'instants, sa colonne, animée par son exemple, emporta le faubourg Saint-Donatien.

Lorsque la panique qui s'empara des Vendéens à la nouvelle de la blessure de Cathelineau changea en défaite un succès presque certain, le périlleux honneur de couvrir la retraite de la Grande Armée en déroute échut à d'Autichamp. Il eut un troisième cheval tué sous lui et, serré de près par la cavalerie de Beysser, il serait infailliblement tombé entre les mains de l'ennemi, si son camarade Forestier ne l'avait pris en croupe et entraîné hors de la ville.

Après avoir traversé la Loire à Ancenis, il se porta à Érigné, d'où il délogea Talot, un des lieutenants du général Menou, commandant l'avant-garde de la première division de l'*armée des Côtes de la Rochelle*.

Bientôt cependant les Républicains, encouragés par l'écrasement de l'armée royale à Nantes, s'avancèrent en Anjou avec l'intention de s'emparer de Vihiers, Coron, Cholet et Mortagne. De Bonchamps et d'Autichamp rejoignirent alors La Rochejaquelein et Lescure et tentèrent de s'opposer à cette marche en avant. L'attaque eut lieu, le 15 juillet, à Fline, près de Martigné-Briant. Un premier choc, très vif de part et d'autre, refoula les Républicains, mais une fausse manœuvre de Marigny vint changer la face du combat. En vain les généraux vendéens, voyant leurs troupes faiblir, se jetèrent-ils dans la mêlée. Tous leurs efforts furent inutiles et il fallut organiser la retraite : La Rochejaquelein la protégea et d'Autichamp conduisit à Jallais de Bonchamps qui venait d'être blessé au bras.

Mais dans cette guerre de surprises et d'escarmouches aussi sanglantes que des batailles, le succès suivait de près le revers. Trois jours plus tard, d'Autichamp assistait à cette brillante journée, nommée par les paysans le « *grand choc de Vihiers* » et dans laquelle le général brasseur Santerre fut mis en pleine déroute. A la suite de cette victoire, qui livrait encore une fois toute la contrée au pouvoir des Vendéens, Lescure et d'Elbée se portèrent au secours de l'*armée du Centre*, vigoureusement attaquée par le général Tuncq. D'Autichamp, muni des instructions de Bonchamps, encore retenu à Jallais par sa blessure, fut chargé de maintenir les Républicains dans le nord de l'Anjou.

Le but proposé était de s'emparer des Ponts-de-Cé.

Le 29, il se mit en marche après avoir partagé ses forces en deux colonnes. La première, commandée par le vicomte de Scépeaux, se dirigea vers Mozé et Brissac pour faire une diversion sur la droite ; la deuxième, sous ses ordres directs, se porta contre les troupes républicaines campées au Chêne-Rond, au-dessus d'Érigné.

Les retranchements furent enlevés après une lutte assez vive : pendant qu'une partie des Vendéens s'emparait à la baïonnette d'une redoute établie au nord d'Érigné, à l'embranchement de la route de Brissac, le reste de cette colonne attaqua le camp de Murs et le combat y fut si impétueux que le commandant Bourgeois et deux hommes seulement purent s'échapper. La route des Ponts-de-Cé était ouverte. Les postes de Saint-Maurille et du Château n'effectuèrent qu'un simulacre de résistance. Celui de Saint-Aubin, village situé sur la rive droite, tint plus longtemps. Le Général dut même payer de sa personne : mettant pied à terre, il conduisit ses hommes sous le feu de l'ennemi et les Royalistes, électrisés par son ardeur, refoulèrent les Républicains jusque sous les murs d'Angers.

De l'autre côté, les troupes de Scépeaux avaient surpris et écrasé une division ennemie à Quincé, près de Brissac. Le soir, elles rallièrent la première colonne aux Ponts-de-Cé.

Ni de Bonchamps, ni d'Autichamp n'assistaient au conseil de guerre, tenu à Châtillon, dans lequel fut résolue l'attaque de Luçon. Leur opinion aurait été, au contraire, de marcher vers Saumur et ils auraient certainement combattu la décision adoptée sur l'avis de Lescure. Dans la circonstance, ils n'eurent donc à endosser ni les responsabilités de cette résolution malheureuse, ni celles que devait entraîner le choix d'une tactique, exposant en rase campagne, au feu de l'artillerie légère de l'ennemi, les Vendéens, ainsi dépourvus de leurs moyens naturels de défense.

Après la défaite de l'armée royale à Luçon, le général Lecomte reprit l'offensive et se dirigea sur le Bocage. Dans le but de s'opposer à cette marche, d'Elbée demanda des secours aux divisions de l'Anjou et, le 1er septembre, d'Autichamp arriva aux Herbiers pour favoriser le mouvement projeté. Le 4, il fut décidé que de Royrand attaquerait de front l'armée républicaine, pendant que les autres troupes vendéennes chercheraient à tourner la position. D'Autichamp, abordant l'ennemi par le Pont-Charrault, le refoula jusqu'à Chantonnay et cette manœuvre, habilement exécutée, contribua pour beaucoup au succès de la journée.

Lorsque la deuxième division de l'*armée des Côtes de la Rochelle*, commandée par le général Duhoux, se mit en mouvement pour exécuter le plan d'opérations arrêté à Saumur le 3 septembre, d'Autichamp se porta au secours des postes vendéens établis sur les hauteurs d'Érigné. Le 12, il attaqua et repoussa Turreau jusqu'aux Ponts-de-Cé, mais le passage de la Loire fut des plus difficiles. Les premiers ponts avaient été coupés et comme l'artillerie républicaine, mise en batterie à Saint-Aubin, balayait la rive d'un feu très meurtrier, les Vendéens ne purent occuper Saint-Maurille qu'à la chute du jour. Dans l'ignorance où il se trouvait des forces exactes de l'ennemi, et ne voulant point surtout courir les aléas d'un combat de nuit, d'Autichamp jugea prudent de rallier les troupes de La Rochejaquelein, dont la présence dans les environs venait de lui être signalée ; laissant un poste à Érigné, il battit en retraite sur Martigné-Briant (1).

Revenu au quartier général de l'armée d'Anjou, il se mit en marche le 16 septembre, lorsque la division entière se porta sur Cholet, pour assister à cet héroïque et gigantesque duel de Torfou, où les héros du siège de Mayence, — ces troupes qui venaient de stupéfier l'Europe, — furent broyées comme de simples conscrits par des paysans en sabots. D'Autichamp joua un rôle important dans cette mémorable journée et y prit une part d'autant plus active qu'il dut seconder Bonchamps qui, malgré sa blessure, avait tenu à paraître à la tête de ses hommes, porté sur un brancard.

Au combat de la Galissonnière, on le retrouve encore aux côtés de son chef, luttant pour arrêter la déroute et se dévouant pour protéger la retraite. Après cette défaite, il reçut l'ordre d'aller occuper Saint-Florent.

Un mois après, lorsque les généraux royalistes, épuisés par cette lutte sans trêve ni merci et menacés par trois armées à la fois, cherchèrent à briser le cercle de fer qui les enserrait, d'Autichamp fut chargé de s'emparer de Varades, afin d'assurer la retraite, en cas d'insuccès. Pendant que se livrait la funeste bataille de Cholet, il exécuta ponctuellement sa mission et le passage de la Loire

(1) Plusieurs auteurs affirment que La Rochejaquelein prit part à cette affaire et qu'il y reçut même une légère blessure. La Rochejaquelein fut effectivement blessé ce jour-là ; mais ce fut dans un combat livré près de Martigné-Briant, où la division de d'Autichamp ne le rejoignit que dans la nuit. — L'affirmation de Mme la marquise de La Rochejaquelein ne permet aucun doute à cet égard. (Pages 231 et 232. Edition originale de ses *Mémoires*.)

se trouva libre, lorsque les débris de la grande armée arrivèrent, le 16, à Saint-Florent, abandonnant leur Bocage, témoin de tant de triomphes, pour aller chercher un refuge sur une terre inconnue.

Si ce nom de Saint-Florent, en raison de l'épisode de glorieuse humanité qui s'y rattache, reste intimement lié à la mémoire de Bonchamps, il serait injuste de n'y pas associer le souvenir de d'Autichamp. Chargé de porter à la foule les dernières paroles du héros chrétien, qui mourait en pardonnant, il eut le bonheur de faire exaucer cette sublime prière et d'apporter à son chef la grâce des prisonniers!

Après avoir traversé successivement Ingrandes, Candé, Segré, Château-Gontier et Laval, d'Autichamp prit part aux combats de Croix-la-Bataille et d'Entrames. A l'issue de cette dernière victoire, il fut chargé de poursuivre une forte colonne ennemie, détachée du corps principal pour couper la retraite aux Vendéens. Il se porta contre ces troupes à Craon et les refoula sur la route de Rennes, après une lutte assez vive.

A Laval, lorsque l'armée fut constituée en cinq colonnes, d'Autichamp reçut le commandement de la première division, placée en avant-garde, et c'est à cette position qu'il dut être constamment aux prises avec l'ennemi pendant la campagne d'outre-Loire (1).

Après le siège de Granville, pendant que le plus grand nombre des chefs prenaient la route de Villedieu, il accompagna le gros de l'armée qui, démoralisée et dévorée du mal du pays, n'aspirait plus qu'au retour en Vendée et s'était dirigée sur Pontorson. Le 18 novembre,

(1) Presque tous les auteurs placent Stofflet à la tête de l'avant-garde. Il put y marcher souvent, mais pendant toute la campagne d'outre-Loire, il occupa les fonctions de chef d'état-major, et ce fut d'Autichamp seul qui commanda, d'une manière effective, la division d'avant-garde.

dans un combat meurtrier, dont les rues mêmes de cette ville furent le théâtre, il anéantit complètement les troupes du général Tribout et parvint ainsi à s'ouvrir un passage.

Aidé du prince de Talmont, il arrêta, à la bataille de Dol, des bandes de fuyards saisis d'une inexplicable terreur, et les deux généraux furent assez heureux pour ramener aux Vendéens la victoire que cette panique menaçait de transformer en déroute.

Avant d'entrer au Mans, dont les deux journées des 12 et 13 décembre devaient faire un vaste cimetière, d'Autichamp avait enlevé le poste républicain, établi au village de l'Épau et l'avait poursuivi assez loin sur la route de Beaumont-le-Vicomte. Se portant ensuite à Pontlieu, où l'on se battit une partie de la journée, il se retrancha au couvent de la Mission et contribua énergiquement à la résistance opposée sur ce point à Westermann. Pendant la nuit, lorsque Marceau tenta de surprendre l'armée vendéenne, refoulée dans l'intérieur de la ville, d'Autichamp seconda les efforts de La Rochejacquelein et des autres chefs et parvint à rallier quelques hommes de sa division. Retranchés dans les maisons, près de la place des Halles, ils purent arrêter le progrès de l'ennemi ; mais, à l'aube, lorsque Kléber parut à la tête de nouveaux renforts, la résistance fut impossible et la déroute devint générale.

Pendant que La Rochejaquelein dirigeait la retraite, d'Autichamp et de Bernès, à la tête d'une poignée de braves, s'efforcèrent de la protéger, ne cédant le terrain que pied à pied, retardant ainsi une poursuite qui devait être si meurtrière. Dans une ruelle étroite et sans issue, ils furent surpris par un détachement placé sous les ordres du colonel Vidal. Bernès ajusta cet officier et le blessa assez grièvement. Tombé sous les pieds des Vendéens, mais se défendant toujours, Vidal allait être achevé par d'Autichamp, lorsqu'il eut l'idée de faire appel à sa générosité, en lui criant : « Ma vie pour la tienne! » Confiants dans cette parole, les deux Royalistes déposèrent leurs armes et se cachèrent dans une mansarde de la rue. Le lendemain, le colonel Vidal leur envoya des uniformes de son régiment ; ils purent alors sortir de leur retraite et vinrent se réfugier chez Mme de Bellemare, où l'officier républicain était soigné.

Peu de temps après, ce dernier reçut son ordre de départ et incorpora les deux Vendéens dans son régiment comme sous-officiers instructeurs. D'Autichamp connaissant une famille Villemet en prit le nom et ce fut ainsi qu'il suivit son nouveau corps, d'abord à Caen, puis à Anvers. Pendant près de deux années, il resta à l'armée du Nord, regrettant sa Vendée et ses compagnons d'armes, consolé cependant par cette pensée qu'à la frontière la politique disparaissait devant la patrie en danger et que son épée d'officier français n'était tirée que contre l'ennemi du dehors.

Lorsque, en mai 1795, on apprit que Stofflet avait adhéré à la pacification déjà signée par Charette, d'Autichamp fit connaître sa position à Dubois-Debay (1), représentant du peuple en mission à l'armée du Nord. Le Conventionnel lui ayant répondu que s'il avait su son nom vingt-quatre heures plus tôt, il l'eût certainement fait arrêter et fusiller : « Il y a loin entre la pointe et la

(1) Dubois-Debay, représentant du Calvados, était un ancien garde du corps qui renonça à la noblesse en 1789. Il vota *la mort* du Roi conditionnellement. Envoyé à l'armée du Nord, il adressa une réponse si *inconvenante* au prince de Cobourg, lors du siège de Condé, que la Convention crut devoir le rappeler.

garde de mon épée, » répliqua d'Autichamp, montrant ainsi qu'un gentilhomme vendéen pouvait conserver sa hauteur et sa dignité devant les puissants et les victorieux du jour. Malgré cette fière parole, on accueillit favorablement sa demande et, peu de jours après, il fut autorisé à revenir en France.

CHAPITRE II

1796

Vers la fin d'octobre 1795, d'Autichamp et de la Béraudière arrivèrent à l'île d'Yeu, chargés par Stofflet d'offrir au comte d'Artois les services de l'armée d'Anjou. D'Autichamp se montra digne de la confiance dont il était l'objet. Il rendit compte très exactement de la situation du pays, donna des renseignements très précis sur les ressources dont on pouvait disposer, et son attitude à l'île d'Yeu lui attira les plus grands éloges.

« Je ne dois pas vous laisser ignorer, lui écrivait quelque temps après, son oncle le marquis d'Autichamp, que *Monsieur* m'a parlé de vous avec une bonté extrême et tout ce qui l'entoure avec infiniment d'intérêt. On a surtout loué votre manière simple et non exagérée de rendre compte. Enfin, vous avez eu, à l'île d'Yeu, les succès qui conviennent à un homme comme vous et qui, lorsque je les ai appris, m'ont causé la plus vive satisfaction (1)... »

Nous n'insisterons pas sur l'enthousiasme que souleva l'arrivée du comte d'Artois, non plus que sur la morne

(1) Lettre du marquis d'Autichamp à son neveu. De Londres, Wigmore Street, n° 49, 1er mars 1796.

stupeur qui accueillit son singulier départ. Avant de quitter l'île d'Yeu, le Prince manda, près de lui, les deux envoyés royalistes et, après leur avoir confié les raisons de son éloignement, les chargea de longues instructions destinées aux différentes armées vendéennes. L'un et l'autre revinrent immédiatement en France et s'acquittèrent de leur pénible mission!

« Dites au Prince, s'écria Charette en apprenant cette nouvelle, qu'il m'envoie l'arrêt de ma mort. » C'était en effet l'agonie de la Vendée Militaire qui commençait et tous les chefs s'apprêtèrent à périr bravement les armes à la main. Lorsque Stofflet dénonça le traité de paix, le 26 janvier 1796, d'Autichamp ne prit qu'une part assez restreinte à cette campagne éphémère ; mais le 23 février suivant, à la mort du général angevin, il fut appelé au commandement en chef des troupes de l'Anjou et du Haut Poitou.

Son premier acte fut d'apprendre à Louis XVIII et au comte d'Artois la mort de Stofflet et de les informer du choix dont il venait d'être honoré. Le 17 mars, il écrivait au Roi :

Sire,

La mort du général Stofflet, que trois années de combat rendaient infiniment précieux à tous les défenseurs du Trône, vient d'affliger nos cœurs. Il a péri victime de son zèle et ses dernières paroles ont exprimé les vœux qu'il formait pour Votre Majesté.

Ses officiers, plongés dans la douleur, pressés par les circonstances et désireux de le venger, se sont choisi un chef honoré de leur suffrage ; ils m'ont pressé de marcher à leur tête. J'ai consulté mon cœur, plus que mes moyens. Brûlant d'amour pour mon Roi, j'ai suivi leurs vœux : leur bravoure a tout fait. Des avantages précieux et multipliés ont été la récompense de leur zèle et la plus douce consolation que je puisse espérer.

Mais, sujet fidèle et soumis, je ne connais pour loi que la volonté de Votre Majesté. Je n'ai accepté le commandement provisoire d'une des armées les plus dévouées à son service que sous son bon plaisir. J'attends ses ordres pour m'y conformer, et je suis, avec le plus profond respect, Sire, de Votre Majesté, le très humble et très obéissant serviteur et sujet,

D'AUTICHAMP.

Neuvy, le 17 mars 1796.

Le même jour, il envoya la lettre suivante au comte d'Artois :

MONSEIGNEUR,

C'est avec la douleur la plus vive que j'annonce à Votre Altesse la mort du brave général, au nom duquel je fus envoyé près de vous à l'île d'Yeu. Victime de son zèle, il a péri par les mains des meurtriers de son Roi, en montrant le courage d'un héros et témoignant jusqu'au dernier soupir son inviolable attachement à la Religion et à la Monarchie.

Les membres du conseil de l'armée d'Anjou, instruits de ce cruel événement, ont formé la résolution de se nommer un chef. Jeune encore et loin d'aspirer au grade que l'on voulait m'offrir, je n'ai appris qu'avec surprise qu'ils m'honoraient de leur confiance et que leurs suffrages m'appelaient au généralat.

Prêt à tout sacrifier pour Dieu et mon Roi, mon zèle et le vœu des officiers ont fixé ma résolution. J'ai marché de suite à leur tête, et aux cris répétés de *Vive le Roi !* nous avons, autant qu'il est en nous, vengé la mort d'un général digne, à tous égards, de notre estime et de nos regrets.

Héritier de ses sentiments et jaloux de marcher sur ses traces, je n'ai d'autre désir que celui d'exécuter les ordres de Sa Majesté et ceux de Votre Altesse. Votre volonté sera ma loi et votre bon plaisir, la règle de mes actions. Ce n'est qu'à cette condition et sous la clause expresse de votre approbation, que j'ai accepté le grade qui m'était offert. Aussi périlleux qu'honorable, il flatte moins mon cœur par ce qu'il a de brillant aux yeux des hommes que par les moyens qu'il m'offre de montrer, au grand jour, mon entier dévouement à la cause sacrée pour laquelle je jure de sacrifier, s'il le faut, mon sang et ma vie.

C'est dans ces sentiments et ceux du plus profond respect que j'ai l'honneur d'être, Monseigneur, de Votre Altesse, le très humble et très obéissant serviteur,

D'AUTICHAMP.

Malheureusement, le nouveau général était privé de deux choses auxquelles l'héroïsme même ne saurait suppléer pour soutenir une guerre : des hommes et des subsides. Il dut se mettre en quête de trouver les uns et les autres, et, dès les premiers jours de mars, il adressa la proclamation suivante aux habitants de l'Anjou :

BRAVES AMIS !

Le vœu du conseil et celui de l'armée m'appellent au grade de général en chef. Le poste que je vais occuper est encore fumant du sang de mon prédécesseur. Le brave et généreux Stofflet a péri victime de son zèle, perfidement trahi et barbarement égorgé par des lâches qui n'auraient pas soutenu sa présence au milieu des combats.

Mettant à profit ce cruel événement, la République essaie de corrompre vos cœurs par des promesses mensongères et flatteuses. Mais, déjà victimes de votre aveugle crédulité, pourriez-vous croire encore à des ennemis perfides, qui ne vous flattent que pour vous conduire avec plus de facilité sur le penchant de l'abîme, que leur scélératesse a creusé sous vos pas ?

Vous serez dispensés, disent-ils, de voler aux frontières ! On ne veut que vous rendre à vos travaux champêtres ! Fausse promesse, amorce trompeuse ! Sans armes, sans forces, et sans défense, ne seriez-vous pas à leur disposition ? L'instant qu'ils choisiraient pour exécuter leur coupable projet ne vous verrait-il pas enlever à vos familles et incorporer dans leurs bataillons ? Le repentir et la douleur vous assiégeraient alors, mais il ne serait plus temps !

Vous aurez, ajoutent-ils, le libre exercice de votre religion.

Chrétiens aveugles et trop confiants, avez-vous pu l'imaginer ? Quoi ! des hommes qui représentent vos ministres sous l'odieux emblème de tigres mugissants, qui affichent et consacrent l'impiété comme un dogme, qui méprisent et blasphèment nos augustes mystères, qui souillent nos autels et nos temples par des infamies, qui condamnent à la déportation et à la mort les ministres du culte, vous souffriraient impunément et publiquement religieux et chrétiens ?

Non ! Ne le croyez-pas. Si, pour un temps, ils tolèrent le libre exercice de votre culte, c'est pour séparer la cause de la religion de celle du trône ; c'est pour saisir plus sûrement vos ministres, en leur inspirant une aveugle confiance ; c'est pour connaître plus adroitement, à l'heure de vos offices, les hommes de vos paroisses en état de porter les armes ; c'est pour enlever, quand ils le voudront, en cernant vos églises, les malheureuses victimes que leur fureur a désignées.

Ne secondez pas cel fatal projet, en vous confiant à des perfides. Souvenez-vous que vous n'êtes pas simplement chrétiens, mais Français et sujets d'un Roi que cent fois vous avez juré de défendre et que vous ne pouvez abandonner sans parjure et sans trahison.

Méfiez-vous de ces hommes qui, pendant neuf mois de trêve, n'ont rien accompli de ce qu'ils avaient promis, et qui n'appuient leurs violentes déclamations que sur le mensonge et les calomnies les plus atroces. Déjà ne répandent-ils pas que vos chefs vont faire égorger plusieurs de vos ministres ? Vos chefs devenir assassins ! Les perfides, ils savent bien le contraire, mais leur atroce politique a toujours été d'imputer aux autres les crimes qu'ils méditaient, pour se dispenser d'en supporter l'odieux.

Tremblez donc pour les jours de ces ministres chéris, et souvenez-vous que, puisqu'on prépare déjà les esprits à l'idée de leur mort, c'est un crime de plus que la République va consommer.

Ne le souffrez pas, braves amis, volez à leur défense. Laissez au soin de leurs foyers, les lâches qui se déshonorent : ils répandraient la terreur au milieu de vos champs. S'ils ne partagent pas vos glorieux travaux, au moins contribueront-ils de leur fortune à la subsistance des défenseurs du trône. Volez donc avec nous, où le devoir et l'honneur vous appellent !

Venger la mort de mon prédécesseur est un engagement sacré que je jure de remplir. Secondez mes efforts. Je vous précéderai au milieu des combats ; je braverai la mort pour sauver un pays qui m'est cher ; je volerai d'une extrémité de ce pays à l'autre pour lui susciter des vengeurs. Si je ne puis être, à la fois, dans tous les endroits, témoin de toutes les actions, au moins pourrai-je assurer que là où se réuniront les braves, se trouvera le cœur de d'Autichamp pour répéter avec eux ce refrain chéri : *Vive le Roi !*

D'AUTICHAMP,
Général en chef de l'armée d'Anjou et du Haut Poitou.

Étant donné l'état d'épuisement et de misère qui désolait les provinces de l'Ouest, la question des secours était également capitale. Il importait de s'entendre, à ce sujet, avec les puissances étrangères et c'est dans le but de faciliter cette entente que l'abbé Bernier fut nommé agent général des armées royales, avec résidence à Londres, devenu le centre politique de l'Europe.

Le 28 mars, la lettre suivante, relative à cette question, était adressée à Louis XVIII :

SIRE,

Le plus vif et le plus pur attachement à la cause sacrée que nous défendons depuis si longtemps ; le désir d'établir, entre tous les chefs, une communication intime et suivie ; la nécessité d'un centre unique de correspondance entre les puissances belligérantes et les Royalistes de l'intérieur ; le dévouement le plus parfait et le plus respectueux aux intérêts et à la gloire de Votre Majesté, nous ont dicté l'arrêté ci-joint. Il est l'expression de nos travaux et le témoignage de notre confiance entière et unanime dans les lumières, les connaissances et les talents de M. l'abbé Bernier.

Mais, sujets fidèles de Votre Majesté, jaloux de seconder en tout ses désirs et fermement résolus de ne rien faire qui ne soit d'accord avec ses intentions, nous soumettons ce même arrêté à son approbation et à celle de Son Altesse Royale, *Monsieur*, lieutenant-général.

Puisse Votre Majesté retrouver, tant dans cet arrêté que dans les proclamations qui l'accompagnent, les vues qu'Elle se propose et les sentiments qu'Elle désire voir exister dans le cœur de ses sujets.

Nous renouvelons, en les lui présentant, le serment solennel de ne nous jamais départir de ses vrais intérêts et de mourir, s'il le faut, en soutenant les droits imprescriptibles d'un Monarque chéri, au service duquel nous avons voué nos bras, notre existence et nos propriétés.

Nous sommes, avec le plus profond respect, Sire, de Votre Majesté, les très humbles et très obéissants serviteurs et sujets,

D'AUTICHAMP, général en chef de l'armée d'Anjou et du Haut Poitou ;
CHESNIER-DUCHESNE, député du général Charette ;
Le comte Joseph de PUISAYE ;
Le vicomte de SCÉPEAUX, général en chef de l'armée de la Haute Bretagne, d'Anjou et de Bas Maine.

Au quartier général, 28 mars 1796.

Le même jour, les généraux s'adressèrent en ces termes au Roi d'Angleterre :

SIRE,

Les chefs du parti nombreux et puissant qui soutient en France les droits de son Monarque sentaient depuis longtemps la nécessité d'établir entre les puissances belligérantes et les Royalistes de l'intérieur une correspondance suivie.

De cet établissement devait résulter un ensemble dans les opérations, capable de produire les plus heureux effets, et de faire obtenir, tant au dedans qu'au dehors, les succès les plus brillants.

Entravés par les circonstances, ils n'avaient pu, jusqu'à ce jour, réaliser ce projet salutaire. Mais enfin réunis, soit en personne, soit par leurs députés, ils ont unanimement arrêté de présenter à Votre Majesté et aux puissances belligérantes, comme agent général revêtu de leur confiance intime, instruit plus qu'un autre de leur position, de leurs moyens et de leurs besoins respectifs, M. l'abbé Bernier.

Puisse l'objet de cette mission et l'agent chargé de la remplir être agréables à Votre Majesté, lui présenter, au nom de l'immense multitude de Français, fidèles à leur Roi, avec l'expression de leurs vœux pour son bonheur, celle de la reconnaissance dont ils sont pénétrés pour les secours qu'Elle a daigné leur accorder.

Nous sommes, Sire, de Votre Majesté, les très humbles et très obéissants serviteurs.

Mêmes signatures.

Suivait l'arrêté qui nommait l'abbé Bernier agent général auprès des puissances belligérantes.

La conséquence de cette décision devait être le départ immédiat de l'abbé Bernier pour Londres; mais comme d'Autichamp, nouvellement élu général en chef, jugeait nécessaire sa présence près de lui, on décida que le chevalier de la Garde, secrétaire particulier de l'ancien curé de Saint-Laud, le précéderait dans sa mission. Ce fut pour expliquer ce retard et accréditer près d'eux le chevalier de la Garde que d'Autichamp envoya, à cette même date du 28, les deux lettres suivantes.

La première était adressée au comte d'Artois :

MONSEIGNEUR,

J'ai souscrit avec toute la satisfaction possible à l'arrêté qui présente à Sa Majesté et à Votre Altesse Royale M. l'abbé Bernier, comme agent général des défenseurs du trône auprès des puissances belligérantes.

Il est digne à tous égards de notre confiance et le suffrage unanime des chefs est le plus bel hommage rendu à la conduite qu'il a tenue. Mais en priant Votre Altesse Royale de ratifier en sa faveur le vœu général des armées et des Royalistes de l'intérieur, je ne puis oublier les intérêts du pays qui m'a donné sa confiance.

La présence de M. l'abbé Bernier y est nécessaire encore pour quelque temps ; il y secondera nos projets par son influence et en facilitera l'exécution par ses moyens. Ce temps sera court, je l'espère ; mais en attendant, permettez, Monseigneur, que M. le chevalier de la Garde, qu'il a choisi, sous votre bon plaisir, et en cas d'approbation de la part de Votre Altesse Royale, pour secrétaire de légation, remplisse par intérim les fonctions qui lui sont dévolues. Il a déjà rempli, près du cabinet d'Angleterre, une mission importante, avec avantage. J'espère, de ses nouveaux efforts, d'autant plus de succès qu'il sera bientôt suivi par celui que notre confiance unanime présente à Votre Altesse Royale. J'attends de sa bonté ce service important : elle m'est connue et j'y recourrai toujours avec la plus intime confiance.

Je suis, avec le plus profond respect, Monseigneur, de Votre Altesse Royale, le très humble et obéissant serviteur,

D'AUTICHAMP,

Général en chef de l'armée d'Anjou et du Haut Poitou.

Dans la seconde lettre, d'Autichamp s'adressait au ministre anglais Windham :

MONSIEUR,

Successeur du brave et généreux Stofflet, je vous fais ainsi qu'à Leurs Excellences vos collègues, les Ministres de Sa Majesté Britannique, au nom de l'armée qui m'a donné sa confiance, et en mon nom particulier, les remerciements sincères pour les secours que vous daignez nous accorder et les intentions généreuses que vous nous témoignez.

Jaloux d'établir une union intime, une correspondance suivie et un ensemble d'opérations vivement désiré, entre les puissances belligérantes, et les Royalistes français, les chefs de toutes les armées ont cru devoir, sous le bon plaisir de Sa Majesté Très Chrétienne et l'agrément de Son Altesse Royale, *Monsieur*, frère du Roi, nommer un agent général et unique, résidant près de

Sa Majesté Britannique, centre des relations politiques des différents cabinets de l'Europe.

Le suffrage unanime des chefs a désigné pour cette place M. l'abbé Bernier, que ses talents, ses connaissances politiques et locales, mettaient plus dans le cas que personne de remplir cette utile et glorieuse fonction.

Mais le succès de mes projets, la nécessité de prendre de lui des renseignements utiles, son influence sur l'esprit du peuple et la mort de mon prédécesseur, rendent sa présence indispensable pour quelque temps dans le pays où je commande.

Il a choisi pour secrétaire de la légation M. le chevalier de la Garde, digne, à tous égards, de notre confiance et de la sienne. Permettez qu'il remplisse par intérim près de Sa Majesté Britannique les fonctions qui lui sont dévolues.

Il vous confirmera ce que, depuis longtemps, nous avons annoncé, l'indispensable nécessité de faire, en faveur du parti royaliste français, les plus grands efforts pour ranimer l'esprit public, soutenir l'enthousiasme, seconder l'élan de tous les cœurs, et faire, en attaquant la République au dehors, la diversion la plus puissante au dedans.

Ces vues s'accorderont sans doute avec les vôtres. L'agent général, qui ne tardera pas à le suivre, vous exprimera les mêmes désirs et, d'après les intentions bienfaisantes que vous manifestez, nous ne doutons pas qu'ils ne soient favorablement accueillis.

Je suis, avec respect, Monsieur, votre très humble et très obéissant serviteur (1),

D'AUTICHAMP,
Général en chef de l'armée d'Anjou et du Haut Poitou.

Au quartier général, le 28 mars 1796.

Dans l'espoir de donner plus de force à sa proclamation aux habitants de l'Anjou, d'Autichamp, accompagné de quelques braves qui avaient été fidèles à Stofflet jusque

(1) Nous avons eu entre les mains une troisième lettre, adressée à Londres au comte de Puisaye. Bien qu'elle soit complètement inédite, nous avons cru inutile de la reproduire : c'est le même sujet exprimé presque dans les mêmes termes.

dans la mauvaise fortune, se livra à de nombreuses incursions et enleva plusieurs petits postes républicains. Mais ces succès insignifiants n'amenèrent aucun résultat. Ses efforts furent inutiles, et le pays resta comme abîmé dans une profonde torpeur, suite inévitable de la longue agitation qui l'avait si douloureusement secoué. Dans de telles conditions la campagne était impossible.

Le 9 avril, en répondant à une lettre de son oncle, en date du 1er mars, d'Autichamp laissa clairement entrevoir le triste état de son armée et le peu d'espoir qu'il conservait :

« M. de la Garde a dû vous dire, mon cher oncle, combien j'étais désireux que vous fussiez dans ce pays, même avant la mort de Stofflet. Et vous ne devez pas douter combien cette envie est augmentée depuis qu'il m'est possible de vous remettre entre les mains toute l'autorité dont le pays a bien voulu me revêtir. Mais, malgré cela, je ne vous y engage pas pour le moment, notre position étant bien changée. Mon armée est, pour l'instant, dans la plus grande désorganisation et envahie de toute part par les Bleus. Ces coquins travaillent les esprits dans tous les sens et, malheureusement, ils ont réussi à se faire de grands partisans dans le clergé. J'ai pris le parti, pour le moment, d'employer la plus grande douceur, mais si cela ne réussit pas, je suis bien décidé à y mettre la plus grande sévérité, et je puis vous donner ma parole d'honneur que je périrai plutôt que de jamais traiter avec cette bande de scélérats, quoique, dans l'instant présent, ils me fassent demander des entrevues, afin, disent-ils, de savoir ce que je désire. Je sais trop bien l'effet qu'a produit la paix dans ce pays : mes soldats se sont malheureusement trop accoutumés à voir cette bande impie ; c'est même ce qui m'empêche, pour le moment, de faire mes rassemblements aussi considérables que je le désirerais.

« Ma position est d'autant plus désagréable que M. Stofflet n'aimait pas la noblesse et vous sentez bien, mon cher oncle, combien il m'est difficile de placer les gentilshommes qui m'ont rejoint. Malheureusement, ces Messieurs ne peuvent pas se persuader qu'il faut, dans un un pays comme celui que je commande, que les nobles ne gagnent la confiance que petit à petit : leur conduite au feu les fait parvenir malgré eux. J'ai, comme beaucoup d'autres, commencé par le métier de soldat : il faut nécessairement que les émigrés, surtout ceux du pays, qui ont le désir de servir la cause (et je désire qu'il en vienne, ayant besoin d'officiers), ne se rebutent pas si, à leur arrivée, ils ne sont point placés de suite. Il faut qu'ils y mettent beaucoup d'affabilité et de familiarité, les braves de notre pays étant très sensibles à ces petites choses. Voilà, mon cher oncle, la position de mon pays.

« ... Je ne puis m'empêcher de vous mettre sous les yeux la position de ce malheureux pays, qui n'est point encore perdu et qui, j'espère, avant peu, se trouvera remis sur l'ancien pied. Le pillage des Bleus fait déjà beaucoup de mécontents et je suis loin de me désespérer, surtout si les prêtres veulent nous seconder un peu ; mais il m'est impossible de les ramener... »

Rien ne saurait mieux faire ressortir combien le côté politique avait tenu peu de place dans le soulèvement de la Vendée. La religion était tout pour ce pays, et en 1793, le peuple ne s'était levé en masse que le jour où la Révolution avait porté une main sacrilège sur ses prêtres. En 1796, le gouvernement ayant modifié sa tactique, ces mêmes prêtres, trompés par de fausses promesses, ne secondèrent plus les généraux et restèrent dans le *statu quo;* devant ce silence, les appels réitérés des chefs ne furent pas écoutés, et se perdirent dans l'indifférence universelle.

Que pouvaient, dès lors, espérer ces chefs sans soldats? D'Autichamp, un des premiers, reconnut l'inutilité de ses efforts, et afin d'arrêter l'effusion d'un sang précieux, il envoya sa soumission au général Hoche.

A la suite de cette courte campagne, il se retira au château de la Rochefaton, dans les Deux-Sèvres, où, quelque temps après, le 8 août 1797, il épousait Marie-Élisabeth-Charlotte-Henriette-Julie de Vassé.

CHAPITRE III

1799

Tandis que les Vendéens, soulevés en masse, avaient heurté de front les armées de la République avec cet entraînement que le succès rendait irrésistible, mais que le moindre revers abattait aussi facilement, les Bretons, au contraire, têtus et opiniâtres, infiniment plus froids et plus réfléchis, n'étaient jamais sortis d'une guerre de partisans. Si la Chouannerie avait eu moins de retentissement, elle leur avait permis, toutefois, de décimer en détail les forces républicaines envoyées contre eux.

Aussi, alors que la Vendée épuisée désirait ardemment la paix et ne se souciait point de la rompre, la Bretagne n'avait jamais déposé complètement les armes. Il en résulta une agitation latente qui finit par inquiéter le Directoire et le poussa aux mesures de rigueur. Toujours partisan du système de la pacification par la douceur, Hoche vit ses conseils négligés : les vexations et les procédés arbitraires produisirent en Vendée une vive agitation et, dès le commencement de 1799, cette effervescence prit les proportions les plus graves.

Désireux d'organiser la résistance pour profiter, le cas échéant, de cette situation, les chefs royalistes se donnèrent rendez-vous au château de la Jonchère. D'Autichamp répondit à cet appel; mais, instruit par les récents et pénibles résultats de 1796, il se montra opposé à une nouvelle campagne. Comme à cette époque le soulèvement lui paraissait problématique; le clergé allait rester indifférent et la Vendée, d'autre part, en dépit de cette agitation toute de surface, ne semblait pas disposée à secouer son engourdissement. Il estimait donc qu'il valait mieux attendre une occasion plus favorable et ne pas compromettre le succès par un empressement irréfléchi.

Au conseil de guerre, il se prononça catégoriquement contre la reprise des hostilités, appuyant, du reste, cette opinion sur la défense, faite par le Roi, de recourir aux armes sans un ordre formel. Les partisans de la lutte immédiate arguèrent, au contraire, de ce que le comte d'Artois avait laissé les chefs juges de l'opportunité du mouvement militaire, et, après une longue discussion, la majorité, entraînée par Cadoudal, fixa au 15 octobre la date du soulèvement général.

Respectueux de la décision prise, d'Autichamp adressa aussitôt un appel aux habitants de l'Anjou et se prépara à soutenir la lutte. Au commencement de novembre, il se porta sur Cholet, à la tête quelques centaines de volontaires ; mais cette ville, pourvue d'une importante garnison, était à l'abri d'un coup de main et il dut revenir à Maulevrier dans l'espoir d'y augmenter ses effectifs. Son appel ayant été entendu et un grand nombre de paysans étant venus le rejoindre, il s'apprêtait à marcher sur Saint-Florent, lorsqu'il apprit l'arrivée en Anjou d'un corps républicain de huit mille hommes rendus disponibles par la capitulation du Helder. Changeant alors de directeur, il descendit dans le Poitou, avec l'intention de s'emparer de Fontenay.

Malheureusement, il vint se briser contre un obstacle ridicule. Aux Aubiers, la colonne vendéenne s'épuisa inutilement, pendant toute une journée, contre la garnison composée de trois cents hommes que le capitaine Lavigne avait fortement retranchés dans l'église du village. L'assaut ayant été jugé impraticable, on établit un blocus, mais le colonel Hardouin, commandant à Bressuire, fut informé de cette attaque et se porta immédiatement au secours de Lavigne.

A son passage à Nueil, il culbuta un premier détachement royaliste. Pendant que l'aile droite de ses troupes le refoulait, son aile gauche tournait la position et tombait à l'improviste sur les Vendéens, qui se débandèrent presque sans résistance. La cavalerie voulut contenir les vainqueurs, mais Lavigne, en sortant de l'église, la plaça entre deux feux et la déroute devint promptement générale.

Ce premier échec simplifia l'issue de la campagne. Ce fut le seul engagement qui eut lieu dans la contrée.

D'Autichamp comprit qu'avec le peu d'enthousiasme des paysans, toute affaire sérieuse était impossible ; dès le 15 novembre, il écrivit au général Hédouville pour lui proposer la cessation des hostilités et comme l'insurrection avait eu partout le même insuccès, les autres généraux vendéens adhérèrent à ce projet.

Hédouville accorda une suspension d'armes. La trêve fut signée à Angrie, le 25, et tous les chefs de la Vendée et de la Bretagne, sauf Cadoudal, se réunirent à Pouancé.

Les conférences s'ouvrirent le 9 décembre. Tout d'abord fut soulevée une question grosse de difficultés : celle de la présence des officiers subalternes, amenés par chaque divisionnaire. D'Autichamp, de Suzannet et Châtillon demandaient pour eux voix délibérative, droit que leur refusaient les généraux de la rive droite, de Frotté, Mercier et de Bourmont. le suffrage de la Prévalaye ayant tranché la question en leur faveur, ils purent prendre part aux conférences, mais cette scission indiqua, dès le début, les deux courants bien distincts qui allaient s'établir dans la réunion.

Les Vendéens voulaient la paix, et d'Autichamp, leur porte-parole, exposa les graves motifs pour lesquels ils la désiraient. Les généraux du Morbihan, du Maine et de la Normandie, au contraire, se prononcèrent énergiquement pour la continuation des hostilités. Dans ces conditions, il était difficile de s'entendre, et la discussion, qui durait depuis plusieurs jours, menaçait de s'éterniser, lorsqu'arriva Cadoudal, mandé instamment par Mercier.

La présence de Cadoudal se manifesta dès le premier jour de son arrivée. Voyant que les officiers subalternes vendéens étaient plus nombreux et feraient sûrement pencher la majorité dans le sens de la paix, il les fit tout d'abord éliminer des conférences. Puis, sans trancher définitivement la question de paix ou de guerre, on décida que d'Autichamp, Bourmont et la Roche-Saint-André seraient envoyés près du général Hédouville, chargés de poursuivre les négociations, mais aussi de faire traîner les choses en longueur ; pendant ce temps d'Andigné irait s'entendre avec Bonaparte, et s'assurerait des intentions qu'on lui prêtait.

En principe, c'était fort beau ; en fait, irréalisable. La mission de d'Andigné ne pouvait aboutir. Quant aux trois autres délégués royalistes, ils eurent plusieurs entrevues avec Hédouville, mais, en dépit de toute la diplomatie de Bourmont, le général républicain flaira le piège et ne consentit qu'à un délai de huit jours, passé lequel les hostilités seraient reprises.

Un nouveau personnage entra alors en scène : la vicomtesse de Turpin, aux supplications de laquelle les chefs bretons avaient consenti à se rendre à Pouancé. On eut encore recours à ses services. Elle obtint que les conférences seraient reprises à Candé et, le 13 janvier, Hédouville vint en personne s'entendre avec les chefs royalistes.

Il leur proposa un traité bâtard, accordant tout, permettant même aux Vendéens de conserver leurs armes et de ne rendre que quelques mauvais fusils, à condition que cette clause restât secrète. C'était inacceptable, et d'Autichamp, tout le premier, releva vivement cette proposition : « Mes paysans, s'écria-t-il, périront plutôt que de rendre leurs fusils, et comme la clause que l'on veut tenir secrète ne sera jamais connue du public, nous passerons pour avoir manqué à notre parole. » Il se prononça pour une paix honorable, franchement énoncée, sans réserves ni clauses secrètes, ou, dans le cas de refus, pour la continuation immédiate de la guerre. Il croyait que ce dernier parti amènerait infailliblement de grands désastres : l'honneur du moins serait sauf et l'hésitation n'était pas permise.

Hédouville fut consterné de cette attitude énergique émanant particulièrement de d'Autichamp qu'il savait partisan de la paix. On discuta encore pendant de longues heures, mais, comme à Pouancé, les chefs royalistes ne purent s'entendre et l'on se sépara sans avoir pris aucune résolution.

Les hostilités allaient donc recommencer, lorsque l'intrigant abbé Bernier, dont une reprise d'armes dérangeait les plans, vint s'interposer d'une manière très active en faveur de la pacification. Précédemment, il avait été investi par le comte d'Artois de pouvoirs très étendus, conférés toutefois avant le commencement des négociations et n'y ayant nullement trait : usant néanmoins de cette preuve de confiance pour tromper les généraux vendéens, il leur persuada de séparer leurs intérêts de ceux des chefs de la rive droite et de reprendre les conférences avec le général Hédouville.

D'Autichamp approuva cette idée : il voyait ainsi la possibilité de réaliser ses vœux personnels, tout en se conformant, — d'après les affirmations de Bernier, — au désir formel du comte d'Artois et il engagea ses collègues à adopter cette solution.

Montfaucon fut désigné comme lieu de réunion et le 18 janvier 1800, la paix y fut définitivement signée.

Redoutant que sa présence ne donnât prise à de nouvelles difficultés, d'Autichamp ne voulut pas rester dans le pays. Il se fixa à Paris pendant deux années et ne revint à la Rochefaton que lorsque l'apaisement de la Vendée lui parut complet.

Dans la suite, Napoléon lui fit, à maintes reprises, les offres les plus séduisantes pour le déterminer à entrer dans l'armée impériale. Il les refusa toujours sans hésitation, estimant que son épée, momentanément remise au fourreau, n'en devait sortir que pour le service du Roi.

Lorsque les désastres de la campagne de Russie, ébranlant le trône impérial, vinrent ranimer les espérances des Royalistes, l'ancien chef des armées d'Anjou se prépara à seconder le mouvement que Louis de La Rochejaquelein cherchait à propager dans l'Ouest. Mais pas plus qu'en 1799 la Vendée ne bougea et la campagne de 1814 se termina avant que l'insurrection eût éclaté.

Elle eût été du reste bien superflue : la Vendée désirait un Roi et les Bourbons rentraient en France.

Dès les premiers jours de la Restauration, d'Autichamp reçut le commandement d'une subdivision de la 22e division militaire, dont le quartier général était à Angers et qui comprenait les départements de la Mayenne et de Maine-et-Loire. Il accompagna le duc d'Angoulême à Cholet, lorsque le Prince se rendit dans l'Ouest pour calmer les mécontentements provoqués par la politique de la Restauration.

On sait quel fut le résultat déplorable de ce voyage, pendant lequel le duc d'Angoulême ne sut parler que de l'obéissance à la loi, de l'oubli des vieilles rancunes, du paiement exact des impôts.

La Vendée attendait plus; elle méritait mieux ! D'Autichamp vit de suite la pénible impression que produisaient cette attitude indifférente et ces paroles impolitiques; il en chercha le dérivatif nécessaire dans sa popularité personnelle et put encore servir utilement la cause sacrée qui était le but de sa vie.

Les événements de 1815 le surprirent au siège de son commandement. Ses *Mémoires* datant de cette époque, c'est à l'aide de ce guide d'une autorité indiscutable que nous allons désormais l'étudier et le juger!

DEUXIÈME PARTIE

1815

CHAPITRE PREMIER

Lorsque la nouvelle du débarquement de Bonaparte se propagea en France comme une traînée de poudre, le général d'Autichamp s'empressa de faire connaître au gouvernement les précieuses ressources qu'il pensait pouvoir rencontrer en Vendée pour la défense de la Monarchie. Il était alors persuadé que cette population fidèle et dévouée se lèverait en masse pour défendre son Roi. Ne recevant cependant ni ordres, ni instructions, il résolut de faire renouveler ses propositions par un de ses aides-de-camp et, le 14 mars, le marquis d'Escayrac partit pour Paris, afin de solliciter l'autorisation formelle de faire un appel aux armes.

Le même jour arrivait à Angers le duc de Bourbon, chargé par Louis XVIII de s'entendre avec les chefs royalistes. D'Autichamp lui rendit compte des mesures qu'il avait déjà prises, pour constituer les bataillons de *volontaires royaux*, destinés, dans sa pensée, à former le noyau de la future armée vendéenne. Cependant, il ne lui cacha pas le peu d'enthousiasme qu'avait provoqué son appel ; il ne crut pas non plus devoir passer sous silence la fermentation, déjà sensible, qui se manifestait dans les troupes et même parmi les officiers.

En présence de cet état de choses, il lui conseilla de se rendre dans le cœur du pays, afin d'y réveiller, par sa présence, l'ardeur des Royalistes et d'y organiser le soulèvement. Malheureusement, la formalité et les lenteurs administratives devaient encore faire échouer ces projets : le Prince lui objecta qu'il n'avait pas les pouvoirs nécessaires pour prendre une telle résolution et qu'il fallait attendre des instructions à ce sujet.

Le 18, le marquis d'Escayrac rapporta à Angers la réponse du Roi et du Ministre de la guerre. Au lieu de l'autorisation sollicitée, d'Autichamp recevait la défense de faire un acte quelconque sans un ordre formel. On lui recommandait simplement d'organiser des *bataillons nationaux*, composés par moitié de troupes de ligne et d'anciens Vendéens et commandés par des officiers ayant servi dans l'armée régulière pendant la Révolution. Le seul fait de cet amalgame était une faute. Le froissement et la jalousie devaient fatalement se produire par ce contact et ce parallélisme irrationnel et peu adroit. D'Autichamp n'en dissimula pas le danger au duc de Bourbon et l'engagea, de nouveau, pour en combattre le mauvais effet, à prendre l'initiative d'un appel aux armes.

A cette même date du 18, le Prince avait reçu de Paris sa nomination de gouverneur général des provinces de l'Ouest, mais comme on ne lui avait envoyé ni les instructions précises, ni les pouvoirs étendus que nécessitait la gravité de la situation, il hésita encore, tâtonna et, enfin de compte, ne prit aucune décision.

Le Roi avait recommandé de ne rien faire sans son ordre : ses prescriptions furent suivies avec une telle ponctualité que le 22 mars arriva sans que la résistance eût été organisée.

Le 23, le duc de Bourbon se rendit à Beaupréau; d'Autichamp, sur un ordre donné par écrit, resta à Angers.

Dans la journée, le colonel de gendarmerie Noirault vint prendre le commandement des troupes : officiers et soldats s'empressèrent de répondre à son appel et, devant cette défection générale, d'Autichamp se décida à rejoindre le duc de Bourbon à Beaupréau. Toutefois, avant de quitter Angers, il voulut être fixé au sujet des bruits alarmants relatifs à la sécurité du Prince. Le colonel Noirault lui montra l'ordre d'arrestation qu'il venait de recevoir. Il ajouta pourtant que, soldat avant tout, il lui répugnait de prendre une pareille mesure et il proposa à son prédécesseur de se charger d'une lettre dans laquelle il offrait au Duc les saufs-conduits nécessaires à son départ.

D'Autichamp s'empressa d'accepter cette mission. Du même coup, il trouvait ainsi le moyen sûr de se rendre à Beaupréau et de prévenir le Prince des ordres donnés à son égard, — ordres qui, probablement, avaient été expédiés de différents côtés et qu'il était urgent de connaître.

En se rendant d'Angers à Beaupréau, et à quelque distance de cette dernière ville, il rencontra de nombreux groupes de paysans qui, tout d'abord décidés à prendre les armes, venaient de manifester une intention diamétralement contraire. A Beaupréau, ses premiers entretiens avec plusieurs chefs de l'armée d'Anjou achevèrent « de le convaincre que, dans les dispositions où étaient les esprits, effrayés de la crainte de ne pouvoir s'opposer seuls au progrès de l'usurpateur, l'instant n'était plus favorable pour tenter un soulèvement. Ce soulèvement serait resté sans effet, ou plutôt aurait amené le plus déplorable des résultats, en découvrant aux yeux de l'Europe une tiédeur momentanée qui fût devenue un triomphe pour Bonaparte et ses adhérents ».

Dans d'aussi pitoyables conditions, il y aurait eu folie à vouloir entamer, quand même, un mouvement insurrectionnel. D'Autichamp le comprit et, quelque douloureux qu'il pût être pour lui de renoncer à ses convictions premières et de voir s'effondrer les espérances de succès dont il s'était fait le promoteur ardent, il n'hésita pas à se prononcer en faveur d'un ajournement.

Cependant, aussitôt arrivé à Beaupréau, le duc de Bourbon avait réuni les officiers royalistes de la contrée. Après de longues et vives discussions sur l'opportunité d'une prise d'armes, la majorité s'était prononcée pour l'entrée immédiate en campagne : séance tenante, le Prince avait adressé une proclamation aux habitants de l'Ouest et fait de nombreuses nominations aux emplois et commandements de la future armée.

Dans la soirée du 24, le général d'Autichamp eut avec le Duc une longue entrevue, au cours de laquelle il lui fit part de ses appréhensions. La Vendée angevine n'était plus, à son avis, en mesure de se soulever en masse ; l'on se faisait, en outre, sur les ressources disponibles, une illusion d'autant plus funeste que les fréquentes défections, qui se produisaient dans l'armée, allaient constituer une force à laquelle on ne pourrait résister. Selon lui, — et il savait qu'un très grand nombre de Royalistes partageaient cette opinion, — le Prince « avait laissé échapper le moment favorable à une prise d'armes ». Le parti le plus sage était d'attendre une quinzaine de jours. Peut-être ce court espace de temps suffirait-il aux paysans pour revenir de leur première impression : l'espoir du succès les ressaisirait et les vexations, dont on ne manquerait pas de punir leur velléité de révolte, les irriteraient et les porteraient à se soulever définitivement. D'Autichamp ajouta que les chances de succès se doubleraient, si l'on savait profiter du moment où Bonaparte serait distrait par les inquiétudes du dehors et absorbé par la lutte contre la coalition étrangère, imminente selon toute probabilité.

Ces réflexions si justes firent une telle impression sur le duc de Bourbon qu'il crut devoir réunir immédiatement tous les officiers présents à Beaupréau.

L'arrivée de d'Autichamp n'était point faite pour leur plaire. En effet, si la guerre était déclarée, ce général se trouvait naturellement,— en raison de son grade antérieur, — appelé au commandement de l'insurrection. Si, d'autre part, on ajournait la prise d'armes, « les emplois, grades, commandements nouvellement décernés se réduisaient à l'état de chimère». En somme, la réunion maintint ses premières résolutions et les ordres, précédemment donnés, ne furent ni révoqués, ni suspendus.

Mais le lendemain même, les généraux de Suzannet, d'Andigné et de La Roche-Saint-André arrivèrent au quartier général et confirmèrent l'opinion émise par d'Autichamp, assurant que ni la Vendée, ni la Loire-Inférieure n'étaient disposées à se soulever. En présence d'affirmations aussi précises, le duc de Bourbon renonça à ses projets et chargea son aide-de-camp, le chevalier d'Auteuil, d'aller réclamer au colonel Noirault les passeports qu'il lui avait offerts.

Parti le 26 de Beaupréau, le Prince s'embarqua le 31 à Paimbœuf : les chefs vendéens se dispersèrent et le comte d'Autichamp revint au château de la Rochefaton.

En conseillant de ne pas recourir au sort des armes, d'Autichamp ne faisait preuve ni de versatilité, ni même d'indécision. En principe, il ne renonçait nullement aux projets guerriers que lui avait, tout d'abord, soufflés son attachement à la Monarchie. La question d'opportunité était seule en jeu et il ne combattait que l'idée d'une entrée immédiate en campagne. Il demeurait toujours partisan de la lutte, mais, général en même temps que soldat, il n'admettait pas qu'après les lenteurs et les indécisions des premiers jours on se précipitât, de gaieté de cœur et tête baissée, dans une aventure dont la seule issue serait un écrasement certain.

Dans ses *Mémoires*, il examine, avec beaucoup de clairvoyance et une grande précision de détails, les chances de réussite qui existaient dans les premiers jours de mars, les événements qui les anéantirent le 24, et, en dernier lieu, les motifs qui suscitèrent le mouvement du 15 mai.

« Une insurrection dans la Vendée doit partir *d'en bas* et non *d'en haut*, pour qu'elle soit sincère et efficace; en d'autres termes, il faut qu'au lieu d'avoir été uniquement conçue dans la pensée d'un ou plusieurs individus, quelquefois intéressés à la faire naître, elle ait germé et grandi dans la pensée des masses qui doivent y prendre part. Il faut enfin que les Vendéens soient réellement mus, animés par leurs propres sentiments, et, qu'à leurs yeux, il y ait une noble cause à défendre, une oppression quelconque à secouer, de l'utilité et de l'honneur à prendre les armes et chance probable de succès. Qu'on veuille intervertir ce principe ou s'en écarter, que l'on s'imagine qu'il suffira de quelques noms vénérés pour produire un pareil résultat, on tombera dans une grave erreur, et tout le mouvement qu'on se donnera n'aboutira qu'à nouer des intrigues et susciter des ambitions... En 1793, les chefs renommés ne furent pas les créateurs de l'insurrection; ils en furent les produits. Ils cédèrent aux vœux des masses qui les appelaient à les commander (1). »

« Dans les premiers jours de mars, toutes les ressources en armes et en munitions se trouvaient encore entre les mains des Royalistes. Ils jouissaient alors de cette force matérielle et de cette puissance morale qu'ils tenaient du gouvernement du Roi. Déjà dans les paroisses, il se formait des réunions, on parlait, on s'échauffait. Les paysans se plaignaient bien un peu de la méfiance qu'on leur avait témoignée en leur retirant leurs armes, mais presque tous, pieusement et généreusement, revenaient à leur vieil attachement pour la famille royale, et tous s'accordaient à dire qu'il fallait la défendre et la soutenir... C'est cette admirable disposition des esprits, qui me porta à solliciter alors, par des instances pressantes et réitérées, l'autorisation de faire sonner le tocsin dans la Vendée. J'avais lieu de croire qu'un mouvement électrique se serait communiqué sur tous les points et bientôt aurait produit un embrasement général (2). »

Au 24 mars, ces chances n'existaient plus. Le départ du Roi et l'entrée de Bonaparte à Paris avaient produit en Vendée un effet moral désastreux et occasionné une vive stupeur. « Les Vendéens étaient désespérés et humiliés de voir que l'on n'avait pas su ni voulu mettre à profit leurs bonnes dispositions, ni apprécier leur dévouement lorsque leur zèle eût peut-être changé la face des choses. Le découragement et, il faut bien le dire aussi, le dépit glacèrent leur esprit ; ceux qui avaient été les plus ardents à provoquer le signal des combats ne tardèrent pas à se refroidir lorsqu'ils envisagèrent les conséquences d'une entreprise rendue plus compliquée par chaque événement nouveau

(1) *Mémoires*, 1re partie, ch. V, page 1.
(2) *Mémoires*, 1re partie, ch. V, page 3.

que la rumeur publique leur apportait. Avec une sagacité qui ne surprendra que ceux qui n'ont pas vécu au milieu d'eux, les Vendéens, au 24 mars, pressentirent qu'ils auraient à supporter seuls le fardeau de la guerre.

« C'était lorsque Bonaparte n'avait pas encore ressaisi le pouvoir en prenant possession de la capitale, qu'il fallait seconder l'ardeur des Vendéens. Au contraire, la chance n'était plus la même, du moment qu'il venait de consolider ce pouvoir en usurpant le trône; enfin, c'est lorsque le gouvernement bonapartiste, traîtreusement rétabli, était déjà menacé, miné, ébranlé au dehors par les résolutions formidables des souverains de l'Europe, qu'il pouvait être avantageux et habile de l'attaquer dans l'intérieur....

« On avait été sourd à la voix de la Vendée, quand la Vendée éprouvait l'agitation qui précède l'insurrection, et la Vendée se tut, quand les chefs, qui, sous l'appui d'un prince, s'imposaient à elle, voulurent la soulever (1). »

Cette fois encore, ce furent les événements qui justifièrent les prévisions du général d'Autichamp. Le temps, et avec lui les tyrannies et les vexations provoquèrent ce que la foi politique, — insuffisamment secondée du reste, — n'avait pu faire. Au lieu de procéder par la douceur et de feindre l'oubli, les autorités bonapartistes eurent recours à ces violences qui sont la revanche des partis politiques vaincus. Les réactions odieuses ravivèrent les haines, et, dès le mois d'avril, les Vendéens commencèrent à s'agiter et à manifester très haut leur mécontentement.

Nous avons dit qu'après son entrevue avec le duc de Bourbon, le comte d'Autichamp s'était retiré au château de la Rochefaton. Vers le milieu d'avril, une députation

(1) *Mémoires*, 1re partie, ch. V, pages 4-6.

de paysans de l'Anjou vint l'y trouver et lui demander spontanément de se mettre à leur tête. Il prépara alors tout ce qui pouvait contribuer au soulèvement dont il apercevait « les leviers actifs dans l'oppression dont on se plaignait, dans les mécontentements qui s'exhalaient avec des regrets profonds des malheurs dont la famille royale était accablée. Les paysans étaient revenus de la stupeur que leur avait causée l'arrivée à Paris de Bonaparte et le départ précipité du Roi. Ils étaient aigris par les vexations, préoccupés de l'avenir, rattachant leurs espérances à la cause des Bourbons ».

En 1793, la Vendée, molestée, vexée dans ses plus chères croyances, s'était réveillée tout d'une pièce pour donner ce formidable coup d'épaule qui avait mis la Convention à deux doigts de sa perte. Aux Cent-Jours, ce fut encore dans les réactions outrageantes et maladroites de la politique impériale qu'elle trouva sa cohésion et son élan.

Au commencement de mai, l'effervescence ayant considérablement augmenté, et la coalition des puissances étrangères apportant un motif plausible à une diversion armée dans l'Ouest, les chefs vendéens résolurent de profiter de cet état de choses. Le 11 mai, d'Autichamp, de Suzannet, et Auguste de La Rochejaquelein se trouvèrent réunis au château de la Barre, propriété de la famille de la Vincendière, près de la Chapelle-Basse-Mer.

Auguste de La Rochejaquelein communiqua à ses collègues une lettre qu'il venait de recevoir de son frère Louis, annonçant la prochaine arrivée en Vendée de secours importants en armes et en munitions. Certains d'être secondés et de se trouver en communauté de sentiments avec le Roi, les généraux royalistes fixèrent la prise d'armes au 15 mai et arrêtèrent, d'un commun accord, les opérations du début de la campagne. Il fut décidé que les 2e et 3e corps, commandés par Sapinaud et de Suzannet, et les plus rapprochés du littoral, protégeraient le débarquement annoncé; et que les 1er et 4e, sous les ordres de d'Autichamp et d'Auguste de La Rochejaquelein, agiraient de concert, en vue de déblayer l'Anjou des troupes bonapartistes.

La question du choix d'un général en chef ne fut même pas soulevée dans cette réunion; on était alors persuadé que le duc de Bourbon ou un autre prince de la famille royale viendrait prendre le commandement suprême.

Quant aux corps d'armée, il ne pouvait y avoir de discussion au sujet de leur division : on adopta les anciens arrondissements militaires. Dans ce conseil, cependant, on parla incidemment de la nécessité de fixer une nouvelle délimitation des circonscriptions territoriales. Le but de cette proposition était de morceler l'armée d'Anjou et d'en distraire la division de Chemillé, pour élargir le commandement de La Rochejaquelein, qui ne comprenait que l'arrondissement de Bressuire. D'Autichamp fit assez justement observer que les paysans ne marchaient volontiers que sous les ordres des chefs qu'ils s'étaient spontanément donnés et qu'il y aurait peut-être péril à les enrégimenter malgré eux.

La question du morcellement parut enterrée, mais à peine les généraux s'étaient-ils séparés que de Suzannet vint trouver d'Autichamp et lui conseilla de consentir au sacrifice qu'on lui demandait, pour calmer le mécontentement de La Rochejaquelein. « Je suis venu, répondit-il, pour servir le Roi, et parce que la Vendée m'appelle. Pour prouver qu'aucun sacrifice ne me coûte quand il s'agit d'un si grand intérêt, dis à M. de La Rochejaquelein que lorsque le tocsin sonnera dans les paroisses qu'il désire ranger sous son commandement, rien ne les empêchera d'aller vers lui ! »

D'Autichamp constate cependant que ces troupes voulurent toujours demeurer sous ses ordres.

Cet incident, causé par l'amour-propre, aux piqûres duquel les plus braves cœurs ne sont pas inaccessibles, n'eut heureusement aucune suite fâcheuse et la bonne entente des généraux vendéens n'en fut pas troublée.

CHAPITRE II

De la Chapelle-Basse-Mer, d'Autichamp revint au château du Lavoüer, près Neuvy, où il établit son quartier général. Son premier soin fut de lancer aux populations vendéennes la proclamation suivante, datée de la Tour-Landry, nom qui rappelait, à ceux dont il voulait faire ses futurs soldats, les gloires de la « Grande Guerre ».

BRAVES VENDÉENS,

L'Europe a retenti de nos combats et de nos victoires. Une occasion nouvelle et sans doute la dernière nous rappelle sous les drapeaux. Un attentat moins sanglant, mais plus perfide que celui de 1793, a été commis dans notre patrie. La trahison a livré le trône de Saint Louis à un étranger qui fut le fléau de la France et que l'Europe, inondée du sang qu'il a versé, repousse avec horreur. Louis XVIII, victime de sa confiance, a été réduit à quitter la capitale et à s'éloigner du peuple qui l'adore.

Par ses prétendues constitutions, l'usurpateur, entouré de tous les crimes, ôte à notre Religion sa prééminence et proscrit l'auguste Maison des Bourbons, tandis que, sous le masque d'une apparente douceur, il souffle la persécution contre les ministres des autels.

Ainsi la cause sacrée de la Religion est liée avec celle des fils de Saint Louis!

Levons-nous donc! Braves Vendéens! Reprenons nos armes. Il est temps de venger tant d'outrages et de secouer le joug qu'on nous impose!

Vous brûlez, je le sais, de combattre pour la plus sainte des causes. Douze ans de repos n'ont point amolli le courage des vainqueurs de Vihiers, de Thouars, de Saumur, d'Érigné, de Fontenay, d'Entrames, de Dol, de Gesté, etc... Vos anciens chefs, tous ceux qui survivent à tant de combats et de périls et un grand nombre d'autres, vont marcher à votre tête. Les lâches, qui ont trahi la patrie, fuieront devant vos phalanges, et bientôt, oui, bientôt, le Roi sur son trône reconnaîtra la bravoure de ses troupes loyales et victorieuses.

Braves campagnons d'armes, tant que nous fûmes fidèles à Dieu, la victoire aussi fut fidèle à nos drapeaux. Loin de nous la licence du crime et l'esprit de vengeance! Les hommes paisibles et les propriétés, les femmes et les enfants seront respectés. La discipline la plus sévère sera observée. Les sages institutions que le Roi a données à la France seront religieusement maintenues. Plus de rivalités ni de divisions; plus de jalousies et de défiances. Généraux, commandants, chefs de légion, officiers et soldats nous n'aurons tous qu'un cœur et qu'une âme. Nos augustes alliés, les Empereurs et les Rois, viennent à notre secours, sous les bannières de la France. L'Europe entière est en mouvement: ses armées innombrables vont marcher sur Paris et combattre les rebelles.

Français de tous les pays! Habitants des villes et des hameaux! accourez sous les drapeaux de l'honneur. Venez vous ranger sous les lys antiques qui firent la gloire et le bonheur de nos aïeux. *Dieu et le Roi!* voilà notre devise! La paix dans l'intérieur et avec les nations est le but de notre entreprise.

Et vous, soldats, qu'on trompe et qu'on égare, songez aux dangers qui vous entourent et venez vous rallier à vos frères. Désertez les étendards du crime; déposez les couleurs de la révolte, ces signes honteux de la trahison et du parjure.

Le mérite et les vertus guerrières seront, parmi vous, les premiers titres à l'avancement et aux distinctions. Les officiers de la ligne, quels que soient leurs grades, les conserveront dans notre armée et seront recommandés à la munificence du Roi.

Braves amis, vous êtes Français, vous êtes Vendéens; nos triomphes sont assurés!

Vive le Roi!

15 mai 1815.

Après avoir fait cet énergique appel aux armes, d'Autichamp procéda à la réorganisation de l'armée d'Anjou. Le premier arrondissement militaire, placé sous ses ordres, se composait de la partie de Maine-et-Loire comprise entre la Loire, le Layon et la Sèvre Nantaise. Il comptait sept divisions qui furent ainsi commandées :

Beaupréau par Lhuillier,
Chemillé par Cady,
Cholet par Fançois Soyer,
Le Fief-Sauvin par du Doré,
Montfaucon par le marquis de la Bretesche,
Champtoceau par Oger de Lisle,
Le Loroux par de la Vincendière.

Le 16 mai, les chefs de divisions virent arriver leurs premiers volontaires; le lendemain, le nombre en avait doublé et, dès le 18, d'Autichamp se trouvait à Jallais, à la tête de quatre à cinq mille hommes. Ce rassemblement important et formé d'une façon aussi rapide jeta une vive alarme parmi les troupes impériales. Disséminées jusqu'alors, dans toute cette partie de l'Anjou, elles se concentrèrent immédiatement sur Chemillé et Cholet.

S'emparer de ces deux clefs du pays était de la plus haute importance. Pour cela, deux partis s'offraient au commandant du 1er corps. Le premier consistait à tomber à l'improviste sur l'ennemi encore mal préparé à la résistance, à l'écraser dans une seule affaire et à le réduire ainsi à l'impuissance. Le second moyen, c'était la petite guerre, chère aux Vendéens et si bien dans leur manière naturelle de combattre : épuiser l'ennemi par d'incessants combats; le harceler, sans trêve ni merci; couper ses communications; le priver de ses moyens de subsistance; l'isoler de tout secours et le contraindre à une retraite désastreuse.

Moins brillante, mais plus pratique, plus sûre et moins meurtrière pour ses hommes, ce fut à cette seconde tactique que s'arrêta d'Autichamp. Le peu d'armes et de munitions dont il disposait rendait incertain le succès d'une bataille, et un échec, dès la première affaire, pouvait avoir sur ses hommes une influence désastreuse. Cette fois encore, ses calculs prudents furent couronnés de succès, puisque, peu de jours après, il occupait Cholet sans coup férir.

Deux lettres qu'il venait de recevoir l'avaient, en outre, complètement décidé à ne pas risquer toutes ses forces dans une journée décisive. Par la première, La Rochejaquelein l'informait qu'au lieu de se porter à son secours, en vertu du thème d'opérations précédemment réglé, il allait opérer sa jonction avec de Suzannet, dans le but de protéger et de favoriser le débarquement. Dans la seconde, Suzannet lui demandait de se porter sur Mortagne. Laissant donc une partie de ses troupes autour de Cholet, il se mit en marche, le 20, avec deux de ses divisions, celles de Beaupréau et de Montfaucon.

N'ayant trouvé personne ni à Mortagne, ni à Clisson, ni à Légé, et assez inquiet de cet isolement, il revenait sur ses pas, le 21 dans la soirée, quand il reçut des nouvelles très rassurantes des troupes vendéennes opérant dans le Bas Poitou.

Par une lettre, datée de Palluau, le 20, Suzannet le prévenait de la réussite du débarquement annoncé par le marquis de La Rochejaquelein et de l'envoi de trente ou quarante caisses de cartouches destinées au 1er corps d'armée. Il lui faisait part également de sa jonction avec les troupes de Sapinaud et de leur réunion à celles d'Auguste de La Rochejaquelein, les trois corps d'armée devant marcher ensemble sur Bourbon-Vendée pour en débusquer

Travot et se porter de là vers la côte, où un second débarquement, annoncé comme prochain, allait rendre leur présence nécessaire.

Rassuré sur la situation de ses collègues dans le Bas Poitou, d'Autichamp retourna, à marches forcées, vers le centre de son commandement. Deux lettres interceptées, émanant des colonels des 15e et 25e régiments de ligne qui formaient la garnison de Cholet, ne lui laissaient aucun doute sur la position désespérée de l'ennemi dans cette ville. Il avait donc tout lieu de croire, ce qui arriva du reste, — que son arrivée déterminerait une retraite, déjà reconnue inévitable.

La lettre de Suzannet contenait aussi d'importants détails sur les événements qui venaient de se passer dans le Bas Poitou.

Après avoir suivi le Roi jusqu'à Gand, le marquis de La Rochejaquelein s'était rendu en Angleterre pour solliciter des subsides en armes, munitions et argent. Sa demande ayant été favorablement accueillie, il s'était embarqué le 1er mai, avec une partie des secours accordés; le 8, il était arrivé en vue des côtes de France, mais n'avait pu débarquer que le 16. Le pied sur le sol de la Vendée, son premier soin avait été d'adresser une proclamation aux populations insurgées.

De son côté, le comte de Suzannet qui avait quitté Maisdon le 15 mai, fut informé, le lendemain, à Saint-Paul de Commequiers, de la présence de La Rochejaquelein à Saint-Hilaire de Riez. Le 17, il le rejoignit à Saint-Gilles, où sa déception fut profonde, en apprenant qu'au lieu de l'importante provision d'armes et de munitions, annoncée à la Chapelle-Basse-Mer, il n'y avait, non seulement ni canons, ni argent, mais à peine deux mille fusils et huit à neuf cent mille cartouches. L'impression de ce mécompte fut désastreuse chez les paysans, qui ne cachèrent pas leur irritation. La Rochejaquelein ne parvint même à les calmer et à les retenir qu'en leur donnant l'assurance de la prochaine arrivée d'un envoi beaucoup plus considérable. Il partagea ensuite les armes entre les corps d'armée, et sans retard les différents convois se mirent en route vers leurs quartiers respectifs.

De Saint-Gilles, Suzannet et La Rochejaquelein se portèrent à Apremont. Dès le lendemain, 19, les deux généraux se rendirent à Palluau, où Sapinaud attendait leur arrivée. Le jour même, les trois chefs se réunirent en conseil de guerre.

Ce fut de là que Suzannet informa d'Autichamp de ces événements, qui se passaient au moment même où le général angevin entrait à Cholet.

Aussitôt son arrivée, le 23, il reçut une nouvelle lettre lui annonçant la déroute de l'armée vendéenne, surprise par Travot à Aizenay, dans la nuit du 20 au 21. Dès le début, cette affaire s'était mal dessinée et le désordre s'était répandu dans toutes les divisions. Campé à la Maronnière, sur la route de la Mothe-Achard, le 3e corps essaya bien de se porter au secours des troupes qui occupaient le village, mais la foule qui refluait sur la route empêcha cette jonction et Suzannet dut battre en retraite sur la forêt d'Aizenay. Pendant ce temps, le 2e corps était surpris en plein sommeil et cerné de toutes parts. Les paysans s'enfuirent sans chercher à se défendre ; il fallut même toute l'énergie du général de Sapinaud et de ses officiers pour sauver l'armée d'un écrasement total.

Après cette défaite, qui amena la dislocation du 2e et du 3e corps, le marquis de La Rochejaquelein se rendit au château de Puyguyon, près de Cerizay, où la présence de son frère lui était signalée ; Suzannet revint à Maisdon, et Sapinaud à la Gaubretière.

Si la déroute d'Aizenay n'eut, matériellement, qu'une importance secondaire, ses conséquences en furent pourtant désastreuses. Cet échec, essuyé dès la première rencontre, eut en effet, sur les Vendéens, une action profondément démoralisatrice et dissolvante. De ce jour, ils perdirent la confiance que donne le succès et qui est une condition primordiale de la victoire, surtout pour des troupes obéissant plus à l'élan qu'à la discipline. Leur ardeur à se rendre aux rassemblements en fut aussi singulièrement amoindrie et c'est à cette cause qu'il faut, — en grande partie,— attribuer l'insuccès de l'insurrection de 1815.

Outre la lettre de Suzannet, les dépêches apportées à d'Autichamp renfermaient un ordre du jour signé conjointement par les généraux de Suzannet, Louis de La Rochejaquelein et de Sapinaud, et contenant des instructions pour les 2e, 3e et 4e corps.

Cet ordre du jour portait que le marquis de La Rochejaquelein rassemblerait aux Aubiers, le 23, les divisions commandées par son frère et concerterait ses opérations avec d'Autichamp, — que Sapinaud réunirait ses volontaire au Moulin des Alouettes, — que Suzannet ferait ses rassemblements sur Clisson pour opérer sa réunion générale à Vieillevigne. En outre, une division du 2e corps devait se porter sur Chantonnay, afin de soutenir les officiers chargés d'établir une ligne de défense sur les coteaux du Pont-Charron.

Cet arrêté se terminait par différentes instructions relatives à la nécessité d'établir des communications, à la discipline qu'on devait rigoureusement observer, au silence qu'il était indispensable de garder pendant les marches, à la défense absolue de laisser les troupes se livrer au pillage.

Dans la soirée du 23, d'Autichamp reçut encore deux autres lettres de Louis et d'Auguste de La Rochejaquelein lui annonçant leur prochaine arrivée à Cholet. Le premier l'informait, en outre, de sa nomination au commandement en chef :

« Je suis arrivé ici, mon cher d'Autichamp, dans l'intention de vous voir et de m'entendre avec vous sur toutes nos opérations. Le Roi m'a ordonné de prendre provisoirement le commandement de la grande armée du Roi. Cela n'altérera en rien la bonne intelligence qui doit régner entre nous. Sitôt mon débarquement, j'ai rendu compte au Roi de notre position et de l'empressement que vous avez mis à faire votre rassemblement. Je lui ai demandé, en grâce, qu'un Prince vînt nous commander. J'ai sollicité *Madame* de venir à l'île d'Yeu, en attendant qu'elle puisse débarquer dans ce pays-ci. Elle me l'a promis, à moins qu'elle ne pût aller à Bordeaux.

« Quant à l'affaire que nous avons eue à Aizenay, elle n'est rien du tout. Les Républicains ont autant perdu que nous, et sans la désobéissance de quelques officiers supérieurs, nous eussions parfaitement réussi à couper Travot de Bourbon-Vendée. Plusieurs divisions, du reste, se sont retirées en bon ordre, et l'armée n'a été dissoute en partie que pour donner deux jours de repos aux hommes. Les divisions se relèvent partout. Les paysans sont montés au dernier point et honteux de leur échauffourée. Nous avons une immense quantité de munitions dans divers endroits. J'attends tous les jours une très grande quantité d'armes et de munitions, canons, souliers, sabres, carabines, et de l'argent aussi. Soyez sûr, mon cher d'Autichamp, que je partagerai avec vous, de manière à ce que vous soyez très content; et puis, je veux vous dire que si le Roi, d'après votre grade, vous ordonne de me commander, je vous obéirai avec le plus grand plaisir. Je vous engage à vous porter sur Cholet et d'y tenir jusqu'à ce que nous concertions un mouvement général. Soyez assez bon d'envoyer un fort détachement à Châtillon, pour recevoir vos munitions et faites-moi prévenir du moment où il doit arriver, afin que je fasse partir vos munitions de suite.

« Soyez assez bon de me faire connaître votre arrivée à Cholet, le plus tôt possible. J'aurai soin de vous faire connaître ma position ; j'irai vous voir à Cholet.

« Adieu, mon cher d'Autichamp, vous savez que je ne veux agir que pour le bien du service, d'accord avec tous les généraux, et que vous devez compter sur ma bien sincère amitié.

« Le marquis de La Rochejaquelein. »

La plupart des auteurs ont affirmé que ce fut à Palluau, dans le conseil de guerre tenu le 20, que La Rochejaquelein fut reconnu général en chef, à l'unanimité des voix des officiers présents. Ils ajoutent même que l'adhésion de son frère n'était pas douteuse, — ce qui n'est ni surprenant ni bien décisif, — et qu'il ne restait à obtenir que celle du chef et des officiers du 1er corps d'armée.

D'Autichamp, au contraire, refuse d'accréditer cette version. Rien, selon lui, ne prouve cette élection. Il n'en existe aucune pièce officielle, pas le moindre procès-verbal, et Suzannet, dans sa correspondance, ainsi que dans les notes qu'il a laissées sur cette période de la campagne, n'y fait pas même allusion.

En admettant que, pour l'affaire d'Aizenay, les généraux se fussent placés sous les ordres de La Rochejaquelein, dans le but de donner à leur action commune contre Travot plus d'ensemble et d'unité, l'ordre du jour du 22 mai prouve, jusqu'à l'évidence, qu'à cette date les pouvoirs,—

si pouvoirs il y a eu, — décernés au marquis de La Rochejaquelein, avaient alors cessé d'exister. « En effet, tout se passe, le 22 mars, sur le pied d'une égalité parfaite ; les dispositions sont prises sous la forme de simples conventions, arrêtées d'un commun accord, entre les trois officiers généraux signataires seulement (et en ce qui regarde leurs corps d'armée respectifs), sans qu'il y ait trace de suprématie de l'un sur les autres (1). »

En outre, ce même ordre était revêtu de la signature des *trois* généraux. Or, si La Rochejaquelein avait été, déjà, reconnu comme général en chef, il est certain que sa signature, seule, aurait figuré au bas de cette pièce, ainsi qu'il doit se faire et comme cela se passa à partir du 24.

« C'est donc un fait bien établi que le 22 mai le marquis de La Rochejaquelein n'était point regardé par MM. de Suzannet et de Sapinaud, et ne se regardait point lui-même comme investi du commandement en chef dans la Vendée, et que celui des 2e et 3e corps — seulement — ne lui avait été déféré à Palluau que momentanément (2). »

Dans sa lettre du 24, le marquis de La Rochejaquelein écrivait avoir reçu du Roi l'ordre de prendre provisoirement le commandement des armées. Fort à propos et très judicieusement, d'Autichamp fait observer qu'en présence de cet ordre formel il ne restait à solliciter aucun assentiment et que ce droit incontestable ne pouvait pas être soumis, le 20 mai, aux aléas, ni même à la formule d'une élection. Il s'étonne enfin, — et non sans raison, — que La Rochejaquelein n'eût pas, dès sa première proclamation, jugé à propos de faire connaître à la Vendée et à ses chefs les intentions du Roi.

La façon dont lui avait été notifiée cette nomination ne

(1) *Mémoires*, 1re partie, ch. X, page 8.
(2) *Mémoires*, 1re partie, ch. X, page 9.

fut pas sans surprendre le commandant du 1er corps, mais le ton affirmatif avec lequel était exprimée la volonté royale lui fit un devoir d'oublier son grade supérieur à celui du marquis de La Rochejaquelein, comme aussi les titres que lui avaient acquis ses services antérieurs en Vendée.

« Je ne crus pas devoir me permettre une seule observation, dit-il à ce sujet, ni manifester le désir de connaître les pouvoirs dont M. le marquis de La Rochejaquelein devait être nanti. Sa parole fut aussitôt pour moi une garantie suffisante, tant j'avais à cœur de ne pas perdre un temps précieux dans des discussions d'un amour-propre justement blessé et de compromettre, par des prétentions intempestives, l'accord qui devait régner entre nous, pour devenir le gage des succès que nous ambitionnions tous. Je ne vis plus en lui que le chef dans le zèle et les talents duquel le Roi avait placé sa confiance (1). »

(1) *Mémoires*, 1re partie, ch. X, page 17. Le comte d'Autichamp ajoute dans ce même chapitre, — comme il l'avait fait dans sa brochure de 1817, — que sa surprise fut grande lorsqu'il apprit, quelques jours plus tard, que telle n'avait pas été l'intention du Roi : « Quoique satisfait de votre conduite, écrivait le 11 juin suivant le duc de Feltre au marquis de La Rochejaquelein, le Roi ne peut approuver que vous ayez pris, même provisoirement, le titre de général en chef... »

Notre intention n'est point de faire ici le panégyrique du comte d'Autichamp au dépens du marquis de La Rochejaquelein, nous ne faisons donc que transcrire les faits tels qu'ils sont relatés dans le manuscrit. — Nous ne croyons même pas devoir y ajouter une appréciation ou un commentaire.

CHAPITRE III

Dans le conseil de guerre tenu à Cholet, le 24 mai, il fut décidé que le général en chef se porterait vers la côte, où l'on espérait recevoir de nouveaux secours ;

Que le 4e corps aurait particulièrement pour mission de coopérer à ce débarquement ;

Que les 2e et 3e, échelonnés dans le Marais, devraient s'opposer à tout mouvement de l'ennemi pouvant porter atteinte au succès de l'opération ;

Enfin, que le 1er corps serait maintenu à la garde de l'Anjou, avec la mission spéciale de déloger l'ennemi de sa position du Pont-Barré.

Le 25, d'Autichamp se mit en marche pour se porter sur les bords du Layon ; le soir il couchait à Chemillé. Le 26, il se préparait à quitter cette ville, quand il reçut une lettre du marquis de La Rochejaquelein, lui donnant contre-ordre et le priant de se rendre, le lendemain 27, dans la matinée, aux Essarts, où les autres divisions vendéennes devaient également se réunir. Le but de cette concentration était d'attaquer et d'écraser Travot, avant qu'il eût le temps de recevoir des renforts.

Suzannet, dans une lettre apportée par le même courrier, lui donnait des renseignements complémentaires sur la nature de ces renforts. Deux mille hommes de la jeune garde venaient de partir en poste à destination de la Vendée et Travot s'était déjà mis en marche pour les rejoindre.

D'Autichamp n'avait reçu l'ordre du général en chef que le 26. Il lui était donc matériellement impossible de procéder aux rassemblements ni de se trouver au rendez-vous fixé à l'époque prescrite, c'est-à-dire le lendemain. Il informa immédiatement La Rochejaquelein que, dans l'impossibilité où il était de pouvoir exécuter à la lettre ses instructions, — quant à la date du moins, — il revenait au May et allait prendre ses mesures pour réunir ses contingents le dimanche suivant, 28.

Un nouvel exprès du général en chef lui apporta la réponse à son courrier. Puisqu'il ne pouvait le rejoindre à temps, il lui était prescrit d'avoir à continuer la série de ses opérations en Anjou. En outre, il devait assigner Mortagne comme centre de ses rassemblements du 28 et se porter de là, dès le lundi, à Saint-Fulgent, pour rallier les autres troupes vendéennes le mardi, 30, à midi, à Belleville.

Par malheur, ce va-et-vient d'ordres et de contre-ordres, donnés précipitamment et toujours reçus trop tard, ne pouvait produire que des résultats défectueux. Lorsque les nouvelles instructions de La Rochejaquelein lui parvinrent, d'Autichamp, qui avait forcé, autant que possible, la marche de ses troupes, afin d'obéir aux premiers ordres reçus, était déjà revenu de Chemillé à Cholet. Il lui aurait donc fallu refaire encore une fois cette route de Cholet à Chemillé, pour continuer son opération offensive sur le Pont-Barré, revenir ensuite à Mortagne, et cela en 24 heures... ! Un simple coup d'œil sur la carte aurait dû suffire à l'État-major général pour se convaincre que la chose était impossible. Tout ce que put faire le commandant du 1er corps fut d'envoyer à toutes ses divisions les ordres les plus rapides afin d'indiquer le lieu définitivement fixé pour la concentration.

Le 28, le jour même du rassemblement de ses troupes, de nouvelles instructions lui parvinrent encore, modifiant de fond en comble les dispositions qu'il avait prises. Les mouvements de l'armée vendéenne devant se régler sur ceux de l'ennemi, et la présence de Travot étant signalée dans les environs de Belleville, le général d'Autichamp reçut l'ordre de se trouver à Montaigu le 29, d'occuper Légé le 30, et d'y attendre des instructions ultérieures. A ce moment, l'effectif du 1er corps était d'environ 3.000 hommes.

Ce fut à Tiffauges, au cours de cette marche, que d'Autichamp rencontra de Malartic, de la Béraudière et de Flavigny, qui venaient d'arriver en Vendée.

L'insurrection vendéenne, dont les débuts avaient irrité l'Empereur, l'inquiétait alors vivement par sa persistance et ses progrès lents, mais sensibles. Il se voyait obligé de détacher dans l'Ouest une partie des troupes dont il avait un si pressant besoin pour tenir tête à la coalition européenne déjà menaçante. En dehors de ces forces qu'il fallait inutilement sacrifier contre elle, la Vendée donnait, en outre, l'exemple d'une rébellion permanente contre le pouvoir impérial, rébellion qui pouvait, un jour ou l'autre, faire tache d'huile et devenir des plus funestes. Aussi Napoléon accepta-t-il avec empressement les offres de Fouché, lorsque ce dernier lui proposa d'entreprendre une campagne sourde où la ruse et l'intrigue joueraient un rôle plus efficace que la force. L'astucieux ministre de la police s'aboucha de suite avec MM. de Malartic, de Flavigny et de la Béraudière et sut si bien les éblouir et les fasciner qu'eux, Royalistes sincères, acceptèrent d'être ses émissaires dans la Vendée.

A Tiffauges, dès que le but de voyage fut découvert, d'Autichamp convoqua les officiers de son conseil. Les trois envoyés de Fouché y comparurent et assurèrent « qu'ils agissaient dans les intérêts du Roi et de concert avec Sa Majesté ; qu'ils connaissaient les dispositions des puissances étrangères ; que la Vendée s'était levée trop tôt ; qu'elle serait écrasée avant que les hostilités fussent entamées à la frontière ; qu'ils étaient porteurs de propositions avantageuses pour les pays insurgés et qu'il serait bon enfin de les mettre à profit, sauf à reprendre les armes un peu plus tard et avec plus de vigueur (1) ».

Jugeant inutile de les laisser continuer, d'Autichamp leur déclara qu'il y avait, en Vendée, un général en chef nommé par le Roi, auquel ils devaient s'adresser. Il leur promit de n'apporter, personnellement, aucun obstacle à leur mission et les trois anabaptistes de Fouché se mirent en route pour aller offrir leur panacée diplomatique aux autres généreux royalistes.

Certaines personnalités ont cru devoir reprocher au comte d'Autichamp de n'avoir pas agi plus sommairement avec eux. En réalité, il ne pouvait cependant pas les faire arrêter et juger comme espions, selon les rigueurs de la loi martiale. Est-ce qu'à la guerre, comme il le dit dans ses *Mémoires*, il n'est pas dans les usages des nations civilisées de chercher à entamer des négociations avec un ennemi? Et le fait de voir ceux qui sont chargés de ces propositions est-il condamnable, quand il est sans résultat, c'est-à-dire, quand les propositions sont écartées, ou ne sont pas même écoutées ? MM. de Malartic, de Flavigny et de la Béraudière n'étaient-ils pas des hommes honorables, connus, estimés pour leur royalisme, animés de loua-

(1) *Mémoires*, 1re partie, ch. XI, p. 27.

bles sentiments et servant la cause du Roi, suivant leur manière de voir? Ils se trompaient, ils avaient été abusés, sans doute, mais ils n'étaient pas de ces agents méprisables qu'un pouvoir corrupteur achète au poids de l'or.

Ce fut en arrivant à Légé, le 31, que d'Autichamp apprit les événements qui venaient de se passer dans le Bas Poitou.

Parti des Aubiers le 26, en même temps que le 4e corps, le général en chef avait couché aux Herbiers et, le lendemain, opéré sa jonction, aux Essarts, avec les troupes de Sapinaud. Le 28, les deux corps d'armée s'étaient portés sur le Poiré, et étaient entrés le 29, à Soullans, où un repos avait donné aux hommes pendant la journée du 30. Le 29, le marquis de La Rochejaquelein s'était rendu à Saint-Jean-de-Monts et après avoir envoyé deux de ses officiers à bord de l'escadre anglaise, était revenu à Soullans dans la soirée.

De son côté, Suzannet, dont les rassemblements avaient eu lieu à Maisdon, s'était dirigé, le 27, sur Saint-Philbert et Machecoul, afin de les compléter, lorsqu'à Montbert il reçut l'ordre de changer de direction et de se porter sur la côte. Le 28, près de Saint-Colombin, un capitaine d'une compagnie du Marais, nommé Guitonneau, lui remit un paquet très urgent. Dans ce paquet se trouvait une lettre ouverte du capitaine Kittoë, commandant la frégate *l'Astrée*, datée du 26 mai et adressée au général en chef.

Cette lettre était ainsi conçue :

26 mai 1815.

MONSIEUR,

Ayant été informé de vos revers (Aizenay) par vos amis, dans deux communications que j'ai enfin été à même d'avoir avec eux, depuis que j'ai eu le plaisir de vous voir, et de la grande difficulté de vous envoyer des lettres, ainsi que de leurs doutes sur votre succès définitif, à moins que vous ne soyez secondé par des troupes anglaises, je ne pourrais me justifier de différer d'exécuter l'ordre positif que j'ai reçu d'envoyer les transports en Angleterre et de retourner, moi-même, immédiatement à Plymouth, avec la totalité des bâtiments sous mes ordres, ce dont j'ai eu l'honneur de vous informer par une lettre du 23 courant (1).

Je les ai fait partir en conséquence aujourd'hui pour Falmouth, mais j'ai pris sur moi, d'après ma sollicitude pour votre sûreté personnelle, de rester deux jours de plus sur la côte, avec ce bâtiment et le schooner *le Télégraphe*, dans l'espérance que vous et vos amis pourrez me rejoindre, et aucun effort ne sera épargné de ma part, autant qu'il sera d'accord avec les injonctions qui m'ont été faites, pour y parvenir, si vous me signifiez vos désirs à ce sujet.

Avec les vœux les plus ardents pour votre sûreté et votre succès, j'ai l'honneur d'être votre fidèle serviteur,

E. Kittoë (2).

Le comte de Suzannet s'empressa de faire parvenir cette importante missive à son destinataire, supposant qu'après la lecture de son contenu, le général en chef renoncerait à se diriger vers la côte. La Rochejaquelein ayant persisté dans son premier projet, le 3e corps se mit en marche pour le rejoindre et bivouaqua, le 31, à Légé. Le lendemain, Suzannet se porta à Beaufou, mais n'ayant pu y trouver les moyens de subsistances nécessaires à ses troupes, il dut se diriger sur Saint-Christophe, où il

(1) L'original de cette lettre n'a jamais été retrouvé.

(2) Presque tous les auteurs rapportent inexactement cette lettre, en adoptant la traduction (intéressée selon d'Autichamp) du général Canuel. Dans une des dernières publications sur les guerres de Vendée, — celle de M. l'abbé Deniau, — la même erreur existe. Le capitaine Kittoë n'a pas écrit : « des désirs que vous signifiez à ce sujet, » mais :.., « si vous signifiez des désirs à ce sujet. » On voit que le sens est bien différent.

arriva à 10 heures du soir. Le 30, dès le matin, il ralliait les deux autres corps à Soullans et, dans la journée, allait prendre position à la Motte-Fouquerand, sur la route de Challans.

Le même jour, Sapinaud et La Rochejaquelein vinrent l'y rejoindre et les trois généraux étudièrent en conseil la nouvelle situation. Suzannet put communiquer d'importants renseignements sur la position du général Travot, qui s'apprêtait à entrer en Bas Poitou. Il ne cacha pas que la lettre du capitaine Kittoë, en l'absence de toute autre nouvelle à ce sujet, lui inspirait des doutes sérieux relativement au secours que l'on pouvait attendre des Anglais. Il en arriva, enfin, à parler des propositions transmises par de Malartic et ayant trait à une suspension d'armes.

De prime abord, les généraux écartèrent cette dernière question, à laquelle Suzannet fut chargé de répondre. Ils s'occupèrent sérieusement de la présence de Travot et du danger qu'il y aurait à s'enfoncer dans le Marais, avec cet ennemi pouvant leur couper toute retraite. Ils tombèrent également d'accord sur la nécessité de procurer à leurs troupes les vivres qu'ils n'avaient pu trouver ni à Soullans ni à Challans. Ce fut pour parer à cette grave difficulté que, dès le lendemain, l'armée s'ébranlait et marchait sur Saint-Christophe-du-Ligneron, où elle entrait, le 31, à 8 heures du matin.

Avant de quitter la Motte-Fouquerand, le 31, le général en chef avait adressé l'ordre suivant au commandant du 1er corps :

Mon cher Général,

Travot marche sur nous ; les troupes qui étaient à Bourbon sont sorties. Il paraît qu'il a l'intention de nous prendre en tête et en queue. Il est indispensable que vous vous portiez, à marche forcée, sur Saint-Christophe-du-Ligneron, où nous allons nous réunir aujourd'hui. Il est inutile que vous passiez par Palluau ; il vaut mieux prendre la traverse pour arriver plus vite.

Il y a sur la côte six gros bâtiments et trois plus petits, chargés pour nous. J'ai un officier à bord ; à son retour, je vous ferai connaître ce qu'il y a au juste.

La Rochejaquelein.

D'Autichamp reçut cette lettre au moment où il entrait à Légé. Ses hommes étaient brisés de fatigue, et, cependant, sans aucune hésitation, il venait de leur donner l'ordre de se tenir prêts à marcher dans la nuit, lorsqu'un officier lui apporta la nouvelle que les corps d'armée de Suzannet et de Sapinaud s'étaient portés à Falleron et à Touvois, où leurs troupes se débandaient.

En toute hâte, d'Autichamp se rendit à Falleron, et là, Suzannet le mit au courant des derniers événements.

A peine arrivé à Saint-Christophe, La Rochejaquelein avait donné l'ordre du départ pour le Perrier et s'était mis immédiatement en route avec le 4e corps.

Malheureusement, l'exécution de cet ordre était impossible. Épuisés déjà par de longues marches et des privations nombreuses, démoralisés par cette nouvelle forme de guerre où tout se réduisait à des manœuvres, sans jamais rencontrer l'ennemi, ne comprenant pas la nécessité d'une telle concentration, les Vendéens manifestaient une grande répugnance pour cette expédition sur le Marais. Avant de s'engager dans ce labyrinthe où ils craignaient de trouver un tombeau, ils exigèrent des garanties que l'on ne pouvait leur fournir.

Dès lors, ils murmurèrent contre leurs chefs ; le mot « trahison » courut à travers les rangs ; le bruit circula qu'il n'y avait pas d'armes pour eux à bord de la flotte anglaise et que si les généraux voulaient ainsi se rapprocher de la côte ce n'était que pour abandonner plus facilement leurs troupes. Contre ce courant, il n'y avait pas à lutter. Suzannet et Sapinaud virent leurs ordres méconnus, comme leurs prières dédaignées. Leurs hommes se débandèrent et prirent la route de Légé.

A Falleron et à Touvois, où les deux généraux avaient réussi à les devancer, dans l'espoir d'arrêter leur fuite, tous les efforts furent encore inutiles. La débandade se précipita et, en quelques heures, les commandants des deux corps d'armée se trouvèrent seuls avec leurs officiers.

On aurait tort de s'étonner outre mesure de cette désertion et de cette indomptable résistance des paysans aux ordres de leurs chefs. L'une et l'autre s'expliquent aisément si l'on prend la peine d'étudier le caractère des armées vendéennes.

« Un officier ne tient son autorité que de la bonne volonté des soldats et de la confiance qu'il inspire. S'il est heureux, s'il prend soin des troupes qui l'ont reconnu volontairement pour chef, s'il montre pour leur intérêt un dévouement absolu, cette autorité s'accroît et s'affermit. S'il commet des fautes, s'il heurte avec rudesse l'opinion, les coutumes, les préjugés même de ses troupes, cette autorité disparaît.

« De là, la nécessité absolue de ménager cette confiance et l'on sent que d'entraves une semblable obligation peut apporter dans les combinaisons d'un plan général. En un mot, un chef vendéen ne peut s'isoler des hommes qu'il commande et avoir une volonté indépendante d'eux. Tous les hommes n'étant soldats que par leur propre mouvement, sans être liés par aucun engagement, aucun salaire, ils ne se croient pas obligés à une obéissance rigoureuse. Les officiers même sont, relativement à leur supérieur, dans une situation tout à fait pareille. Ainsi, on peut bien éloigner les Vendéens de leurs habitations momentanément, mais dès qu'ils éprouvent le besoin, ou qu'ils sentent le désir d'y retourner, rien ne pourra les en empêcher, et l'on se trouve alors dans la pénible alternative de céder au torrent, ou de rester seul et abandonné (1). »

En présence de cet état de choses, les trois généraux se réunirent en conseil, chez le curé de Falleron. Après un mûr examen de la situation sous tous ses aspects, ils reconnurent qu'elle n'avait aucune solution pratique. En conséquence, ils durent se résigner à prendre l'arrêté suivant, destiné à expliquer la dissolution forcée des 2e et 3e corps et l'impossibilité où ils se trouvaient de se porter dans le Marais :

Falleron, ce 31 mai 1815.

Messieurs de Sapinaud, d'Autichamp et de Suzannet s'étant réunis pour aviser au moyen de soutenir M. le marquis de La Rochejaquelein dans la situation qu'il a prise dans le Marais, pour protéger le débarquement, s'il s'effectue, ont été unanimement d'avis qu'ils ne pouvaient se porter sur le point indiqué, d'abord à raison des mouvements de troupes des Républicains, qui ne permettent pas de porter sur ce point des soldats qui ne veulent pas marcher, après la fatigue qu'ils viennent d'éprouver. Les rassemblements de Messieurs de Sapinaud et de Suzannet diminuant à vue d'œil, ils ne peuvent sans faire de nouveaux rassemblements se remettre en marche. La division de Légé n'a pu être levée, ni celle des Sables ; alors, il faut aller lever des hommes plus loin. Ces rassemblements seront soutenus, dès que les Républicains auront commencé leur mouvement qui sera sur la côte. Des avis authentiques et positifs font connaître l'arrivée de 2.500 à 3.000 hommes à Nantes ; il en est arrivé à Angers. Les paysans, déjà paralysés depuis l'échauf-

(1) Brochure de 1817, page 74. — *Mémoires*, 1re partie, ch. XII, page 16.

fourée d'Aizenay, vont l'être encore d'avantage par l'arrivée connue de ces troupes. Messieurs de Sapinaud et de Suzannet ne peuvent répondre, malgré leur désir de coopérer à ce plan, de pouvoir porter des troupes à la Motte-Fouquerand ; ils prévoyent que cela est impossible.

Monsieur d'Autichamp étant très éloigné du point indiqué ne peut garder ses hommes. Il a été partout sans vivres, il ne pourrait rester, sans compromettre le sort de son armée et de son pays, dans la position de la Motte. Les troupes vendéennes ne pouvant être considérées comme des troupes régulières, on ne peut les tenir réunies plusieurs jours de suite.

Toutes ces considérations déterminent Messieurs de Sapinaud, d'Autichamp et de Suzannet à engager Monsieur de La Rochejaquelein à revenir dans son pays et à contribuer, par sa présence, à rallier tout à une défense commune du pays, qui est absolument nécessaire, vu les circonstances présentes, et attendre que le commencement des hostilités permette de déployer toutes les forces de la Vendée, ou qu'un corps de troupes, ou un Prince de la Maison de Bourbon, vienne rallier tous les Vendéens, qui sont tous dévoués au Roi, mais sont dans ce moment paralysés par les événements.

Arrêté à Falleron pour être envoyé à Monsieur le marquis de La Rochejaquelein, afin qu'il fasse ses dispositions pour opérer la retraite du Marais, et revenir dans son pays, où sa présence serait utile pour les intérêts du Roi et celui du pays.

De SAPINAUD, le comte Charles d'AUTICHAMP,
le comte de SUZANNET.

Le comte de Suzannet, chargé de faire parvenir cette décision au marquis de La Rochejaquelein, lui adressa en même temps une longue lettre qui prouve son entière bonne foi et enlève péremptoirement tout soupçon de trahison, alors même que le caractère des trois signataires de l'arrêté ne suffirait pas à l'écarter.

Cette lettre était ainsi conçue :

Je t'envoie, mon cher Louis, l'arrêté que le général de Sapinaud, d'Autichamp et moi avons pris à notre grand regret. Mais les soldats que j'ai dans ce moment-ci veulent absolument rentrer chez eux : c'est un torrent que rien ne peut arrêter. Il nous faut quelques jours pour faire de nouveaux rassemblements. Si des forces majeures ne s'y opposent pas, nous irons à ton secours... Nous avons tous regretté que tu ne fusses pas avec nous, afin d'arrêter un plan général de défense. Cela est absolument essentiel. Il est à craindre que, ne te voyant pas, on dise que tu es embarqué. On faisait courir le bruit que nous voulions aller dans le Marais pour faire notre retraite sur la flotte. On ne se fait pas l'idée des contes que l'on répand. Nous sommes entourés de gens qui sèment les bruits les plus absurdes : tantôt c'est la paix avec les puissances. Le général de Sapinaud est avec moi, il a très peu de monde ; ils s'en vont chez eux. Duchaffault et de Saint-Hubert sont allés pour en rassembler de nouveaux... Je vais laisser des ordres aux divisions qui auront encore des hommes disponibles de les réunir pour que tu puisses en disposer... Que c'est une triste chose que des armées qu'il faut toujours consulter pour la moindre démarche !...

N'ayant pas fermé sa lettre le 31, il ajouta le lendemain :

Les soldats que j'avais avec moi, malgré tous mes ordres et mes sollicitations, sont en marche pour retourner. J'ignore ce qui m'en reste, mais ce dont je suis bien certain, c'est qu'il m'est impossible de les faire marcher sur le point qui te convient. Il en est de même de ceux du général de Sapinaud qui partent tous ; il est impossible de les rassembler pour le moment. Il vaudrait autant prendre la lune avec les dents (1) !...

Sont arrivés Victor de la Béraudière et de Malartic ; ils ont été chargés, comme tu l'as lu par leurs lettres, de faire connaître que le Gouvernement désirait, pour éviter une guerre, traiter avec nous ; qu'on évacuerait le pays ; qu'on ne nous demanderait ni hommes, ni argent, etc. Le général Laborde avait donné ordre de suspendre les hostilités ; il a été remplacé par le général Lamar-

(1) Plusieurs auteurs, Crétineau-Joly entre autres, et depuis M. l'abbé Deniau, ne font commencer qu'à ce passage la lettre de Suzannet, écrite le 1er juin. Et encore plusieurs mots y sont-ils changés et modifiés, de façon à en dénaturer le sens exact.

que, qui ne veut pas, je crois, de traité. Tous les officiers sont désolés de ne pouvoir faire marcher leurs soldats ; ils auraient envie d'accepter un accommodement qui assurerait qu'il n'y aurait plus de troupes au milieu d'eux. Sapinaud et moi avons dit à ces Messieurs que nous ne voulions traiter qu'avec tout le monde ; qu'il fallait traiter ensemble ou périr ensemble. Mais nous sommes dans une grande confusion. J'ai voulu encore essayer ce mouvement de Machecoul, mais c'est impossible. Tout marche malgré moi.

Adieu, mon cher Louis, je voudrais être avec toi. J'ai cru par ma présence contenir les soldats, mais ils n'écoutent que l'envie qu'ils ont de retourner chez eux; ils disent bien qu'ils reviendront. Adieu; tout le monde est d'avis de faire une suspension d'armes qui n'engage à rien et qui pourrait être utile, par la suite, pour s'organiser et marcher.

Le comte de Suzannet.

Dans la journée, d'Autichamp reprit le chemin de l'Anjou; de Suzannet et de Sapinaud regagnèrent leurs cantonnements.

Pendant ce temps, La Rochejaquelein s'avançait toujours vers la côte. Après avoir passé une nuit au Perrier, il arrivait à Croix-de-Vie, le 1er juin, à deux heures de l'après-midi, et se rendait, dans la soirée, auprès de l'amiral Kotham, à bord du vaisseau *le Superbe*.

Le même jour, il adressa l'ordre du jour suivant aux généraux de l'armée vendéenne :

De par le Roi!

Ordre du jour de la grande armée du Roi, du 1er juin 1815.

Le premier corps de la grande armée, aux ordres de M. le comte d'Autichamp, se portera aujourd'hui, 1er juin 1815, à Coëx, où il s'établira militairement et, de là, poussera des reconnaissances sur Aizenay, Palluau, la Mothe-Achard et la route des Sables. Il occupera le pont de la Chaize-Giraud.

Le deuxième corps, aux ordres de M. de Sapinaud, prendra poste le même jour à Apremont. Il se mettra en communication avec le premier corps, et, dans le cas où l'ennemi se porterait sur ce dernier, il ferait sa jonction avec lui pour l'attaquer et le battre.

Le troisième corps, aux ordres de M. de Suzannet, tiendra la position du moulin de la Motte-Fouquerand, établira un détachement à Challans. Il poussera des reconnaissances sur Machecoul et Légé.

Le quatrième corps, aux ordres de M. Auguste de La Rochejaquelein, prendra poste à Saint-Hilaire-de-Riez et protégera le débarquement qui se fera à Croix-de-Vie.

Messieurs les généraux des différents corps de l'armée établiront une correspondance active et journalière avec le général en chef. Ils lui feront connaître tout ce qu'ils pourront savoir des mouvements de l'ennemi. Il leur recommande surtout de ne pas se laisser aller au découragement et de ne pas croire, avec autant de facilité qu'on le fait, aux rapports exagérés et aux bruits faux qu'à chaque instant on se plait à répandre dans l'armée. C'est par la bonne contenance et la fermeté, même dans les cas désespérés, qu'on en impose à ses ennemis. Certes, si Messieurs les généraux le veulent franchement, jamais la Vendée n'a été aussi forte qu'elle peut l'être dans ce moment.

Des fusils, des canons, des munitions de guerre de toutes espèces vont débarquer. L'Angleterre nous fournit tout ce dont nous avons besoin. Montrons-nous dignes du nom français et repoussons avec indignation toutes propositions qui tendraient à traiter avec le monstre qui veut gouverner la France.

Je déclare que si j'apprends qu'aucun chef dans l'armée prête l'oreille aux séductions de l'ennemi, justice prompte en sera faite. Il sera de même, si mes ordres ne sont pas exécutés. Songeons que, hors l'état de guerre, nous marchons, quant au rang, sur la même ligne et qu'il n'y a pas de suprématie, mais que, dans l'état où nous sommes, on doit obéir. C'est le premier devoir de l'homme d'honneur; quiconque s'en écarte est indigne de rester parmi nous.

Faites sonner le tocsin dans toutes les paroisses de vos commandements et rendez-moi compte de l'exécution du présent ordre. Il faut que tout le monde soit debout et en armes. Faites-vous donner par les maires des certificats qui attestent que cette mesure a été prise et faites-les moi passer.

Les rassemblements partiels qui se feront d'après cette mesure seront dirigés sur les positions des divers corps d'armée auxquels ils appartiennent (1).

Le général en chef de la grande armée du Roi,

Le marquis de LA ROCHEJAQUELEIN,

Maréchal de camp.

Par le général en chef,

Le lieutenant général des armées du Roi,
Chef d'état-major général,

CANUEL.

Le lendemain, à 10 heures du matin, le débarquement venait de commencer, sous la surveillance du général Canuel, demeuré à Croix-de-Vie pendant que le général en chef était à bord de l'escadre anglaise, lorsqu'arriva un courrier venant de Falleron.

On se souvient que Suzannet avait été chargé par ses collègues de prévenir le marquis de La Rochejaquelein de la décision prise en commun à Falleron. C'était son courrier, parti le 1er dans la matinée, qui arrivait ainsi, à Croix-de-Vie, avec vingt-quatre heures de retard.

Canuel prit connaissance des dépêches qu'il apportait et les transmit de suite au général en chef. Une heure après, La Rochejaquelein revenait à terre et signait l'ordre du jour suivant :

(1) Cet ordre du jour n'a pas encore été publié intégralement. Nous le croyons, du moins, et nous en donnons, *in extenso*, le texte dont on verra bientôt toute l'importance.

Le général en chef a vu avec la plus grande indignation que, loin d'exécuter ses ordres, Messieurs le comte d'Autichamp, commandant l'armée d'Anjou, le comte de Suzannet, commandant l'armée dite *de Charette* et de Sapinaud, commandant l'armée du Centre, se sont lâchement retirés au moment où il fallait protéger une expédition d'où dépend le salut de l'armée du Roi. La lecture de la lettre de M. de Suzannet et celle de l'arrêté qui y était joint, ajoutent, à l'infamie de la désobéissance, celle de la plus noires de toute les trahisons. Ces hommes qui se disent les soutiens du trône, les zélés serviteurs du Roi, ont la bassesse de prêter l'oreille à un accommodement avec le tyran dévastateur de la France et du monde. Cette seule pensée révolte des hommes de bien, qui jurent de ne déposer les armes que lorsque l'homme de malheur contre lequel ils combattent ne sera plus en France, ou sera mort.

En conséquence, il est ordonné aux généraux ci-dessus désignés de quitter le commandement de leurs armées respectives. Ordonnons, en outre, à tous les officiers et soldats de la grande armée de les arrêter et conduire devant nous.

Nous nommons pour les remplacer :

A la place de Monsieur d'Autichamp, Monsieur le marquis de Civrac ;

A la place de Monsieur de Suzannet, Monsieur Duchaffault ;

A celle de Monsieur de Sapinaud, Monsieur Dupperrat (1)...

Suivaient des instructions particulières pour chaque corps d'armée, calquées sur les dispositions contenues dans l'ordre du jour du 1er juin.

(1) C'est du *PEYRAT* qu'il faudrait écrire, mais comme nous devons respecter dans les citations l'orthographe adoptée par le comte d'Autichamp, nous écrirons toujours *DUPERRAT*, afin qu'il n'y ait pas confusion au sujet de la désignation de cet officier.

CHAPITRE VI

Avant de continuer le récit des événements, nous croyons devoir examiner diverses questions sur lesquelles le général d'Autichamp apporte des appréciations personnelles d'un intérêt indiscutable et que nous allons résumer le plus brièvement possible.

I. — Départ de Saint-Christophe pour le Perrier.

Le mouvement rétrograde, décidé en conseil à la Motte-Fouquerand et ordonné par le général en chef, offrait, au point de vue militaire, de sérieux avantages, en ce qu'il permettait d'opposer à Travot la masse des quatre corps d'armée. Or, il était de la plus grande importance de repousser cet ennemi dont les forces considérables pouvaient gêner, sinon rendre impossible, le débarquement.

Au point de vue politique, ce plan n'avait pas moins de valeur. Si l'on réussissait à battre Travot, la flotte anglaise, en présence de ce succès, ne pouvait manquer d'ajourner son départ, motivé, en grande partie, par le revers d'Aizenay.

Enfin, — et ce dernier mérite n'était pas à négliger, — il réunissait forcément les généraux et les mettait à même de se concerter en vue des mesures à prendre pour parer aux éventualités très graves qui pouvaient surgir. Si la nouvelle officielle du débarquement leur était adressée, la question était résolue et la marche du côté de la mer s'imposait, sans hésitation possible. Mais si l'amiral anglais persistait dans ses projets de départ, le conseil de guerre aurait à se prononcer entre deux alternatives, également dangereuses, mais également inévitables : la nécessité pour la Vendée de continuer la lutte, réduite à ses seules forces, ou la négociation d'un accommodement avec le gouvernement. « L'une ou l'autre de ces deux alternatives méritait bien d'être mûrement pesée et discutée, avant de recevoir une solution définitive ; et certes, ce n'était pas trop de toutes les lumières des généraux et des principaux officiers vendéens pour résoudre cette difficulté. La réunion projetée à Saint-Christophe était aussi bonne militairement que politiquement (1). »

Dans ces conditions, il est évident que la mesure contraire était forcément désastreuse. L'ordre de départ pour le Perrier, annulant la concentration, décidée la veille, et qui avait déjà eu un commencement d'exécution, fut donc une faute au point de vue militaire, comme au point de vue politique. S'enfermer dans un pays qui n'offrait aucune possibilité de retraite était encore une très grosse faute de tactique : avec leur vague instinct des choses de la guerre, les paysans le comprirent et cette crainte vint augmenter leur répugnance naturelle à prendre pour champ de bataille un terrain qui leur était inconnu.

Il eût été certainement beaucoup plus sage de s'en tenir aux premières décisions. Malheureusement, le général Canuel avait pris sur le marquis de La Rochejaquelein

(1) *Mémoires*, 1re partie, ch. XVIII, page 31.

une influence prépondérante, autant que funeste. Dans la circonstance, cette influence prévalut, et, selon d'Autichamp, c'est au chef d'état-major que doit incomber la responsabilité de tous les événements qui furent la conséquence de cette faute.

Canuel ne connaissait pas la Vendée : « Ses *Mémoires* sont là pour attester combien il était étranger aux mœurs, aux usages, aux traditions de ce pays, au sein duquel il a semé le trouble et les discussions. Ils attestent aussi que leur auteur manquait de cette bonne foi, qui ne permet pas de déguiser la vérité, pour plier les faits et les circonstances au gré de l'intérêt d'un seul, ou au détriment des autres (1). »

A Saint-Christophe, lorsque le général en chef donna l'ordre de départ pour le Perrier, la situation était identiquement la même que la veille: ni plus ni moins grave. La concentration était aussi urgente et la nécessité se faisait encore sentir de réunir les généraux qui auraient apporté au service de tous l'ensemble de leurs conseils, de leur dévouement et de leur expérience.

C'est ainsi, du reste, que l'on avait toujours agi en Vendée, et dans « ces réunions, où l'accord des volontés décidait les démarches, les généraux en chef, moins jaloux de leur autorité que du succès commun, ne croyaient pas qu'il fût porté atteinte à cette autorité, lorsqu'ils s'entouraient des lumières de leurs compagnons d'armes (2) ».

N'était-ce point, précisément, cet accord que le général Canuel, intrus militaire et politique dans l'armée vendéenne, pouvait redouter de voir se produire, à la réunion de Saint-Christophe ? « Il devait, en effet, redouter

(1) *Mémoires*, 1re partie, ch. XVIII, page 1.
(2) *Mémoires*, 1re partie, ch. XIV, page 4.

l'opposition des chefs prévenus contre lui et que ses manières indisposaient journellement. Il eût vu dans nos conseils, écoutés et peut-être accueillis, une atteinte portée à l'autorité du général en chef, dont il paraissait disposer à son gré. J'ignore s'il fit partager ses craintes à M. le marquis de La Rochejaquelein, mais il est incontestable que l'influence du major-général détermina le général en chef à se séparer de MM. de Sapinaud et de Suzannet, pour aller, avec une partie des troupes du 4e corps, se jeter dans le Marais (1). »

Le général d'Autichamp était bien à même de connaître le fond des choses et son opinion dégage la responsabilité du marquis de La Rochejaquelein, auquel l'histoire, dans ses jugements impartiaux, peut reprocher un peu de faiblesse, mais dont elle doit reconnaître la droiture et la loyauté.

Canuel lui-même semble justifier le hautain mépris du comte d'Autichamp à son égard, par les procédés étranges dont il fait usage dans ses *Mémoires*, passant simplement sous silence, quand il ne le dénature pas, le texte des lettres qui pourraient le condamner.

Les graves nouvelles contenues dans la missive du capitaine Kittoë, remise le 28 à Suzannet, avaient été une des principales raisons qui, à la Motte-Fouquerand, avaient fait abandonner le projet de se rapprocher de la côte. Canuel ne va pas jusqu'à nier la lettre, mais il prétend que le général en chef n'en eut pas connaissance et, par conséquent, ignora toujours quelles avaient pu être, à un moment donné, les intentions du chef de l'escadre anglaise.

Or, parmi les papiers que La Rochejaquelein avait sur lui, au moment de sa mort, on retrouva précisément un

(1) *Mémoires*, 1re partie, ch. XIV, page 5.

billet de Suzannet annonçant l'envoi de cette lettre par M. de la Villegilles, officier du 3e corps. En outre, il existe de cette importante pièce une copie, avec cette apostille : « J'ai reçu cette lettre qui m'a été envoyée aujourd'hui par mon frère. Ce 4 juin 1815. Pour copie conforme : Lucie de La Rochejaquelein (1). »

L'État-major général en eut donc certainement connaissance : mais comme ces détails n'étaient ni rassurants ni favorables à divulguer, « il était prudent de contester l'existence, ou tout au moins la réception de cette lettre qui détruisait tant d'illusions, lorsque c'étaient ces mêmes illusions qui avaient précipité M. le marquis de La Rochejaquelein à sa perte. »

D'autre part, fut-il possible à l'État-major général de savoir, le 31, à Saint-Christophe, que les transports anglais n'avaient pas levé l'ancre, et, dans ce dernier cas, l'ordre de marche sur le Perrier fut-il basé sur des raisons sérieuses ?

On peut, sans crainte, affirmer le contraire. Le 31, en effet, Suzannet, également présent à Saint-Christophe, écrivait à d'Autichamp que l'on était toujours sans nouvelles de l'escadre anglaise et que les vents contraires rendaient impossible toute communication avec elle.

Si, à ce moment, on avait eu les nouvelles que devait rapporter l'officier vendéen envoyé à bord, est-ce qu'on ne se serait pas empressé d'en faire part aux généraux et aux troupes surtout, pour relever leur moral ?

Enfin, le même jour, précisément, La Rochejaquelein n'écrivait-il pas au commandant du 1er corps : « J'ai un officier à bord : à son retour, je vous ferai connaître ce

(1) *Mémoires*, 1re partie, ch. XIII, page 15. Cette pièce se trouvait entre les mains du comte d'Autichamp, lorsqu'il écrivait ses *Mémoires*. Le prénom de Louis n'est pas spécifié, mais les deux frères étaient ensemble à cette époque, et Auguste de La Rochejaquelein n'aurait pas gardé une pièce de cette importance sans la communiquer à son frère.

6

qu'il y a au juste. » De quel droit nous donnerait-on à suspecter la parole du général en chef, pour le faire paraître, — contre toute vraisemblance, — plus instruit sur la véritable situation qu'il ne l'était réellement?

Tout permet de croire que la seconde lettre du capitaine Kittoë, contredisant la première, n'arriva qu'après le départ de Saint-Christophe. En admettant même l'hypothèse de sa réception avant l'ordre de marche sur le Perrier, cette lettre ne donnait pas la certitude du débarquement et comme le contenu n'était ni assez explicite ni assez concluant pour dissiper les doutes et triompher des répugnances, Canuel n'hésite pas à en altérer le texte original, à le tronquer ou à l'élargir, selon les besoins de sa cause.

Il ne se fait aucun scrupule d'ajouter des promesses qui ne s'y trouvaient pas et de donner une couleur politique à ce qui n'était que l'expression des sympathies personnelles du capitaine Kittoë pour le marquis de La Rochejaquelein. Il va même jusqu'à supprimer certaines phrases, desquelles il ressortait trop clairement que, le 31, l'État-major général n'avait aucun plan arrêté pour le débarquement et qu'avant de se diriger ainsi, brusquement et sans décision préalable, sur le Marais, il eût été au moins utile de s'entendre avec l'amiral anglais.

Du reste, il n'y a rien de plus instructif que la comparaison entre le texte original de la lettre et le texte rapporté dans les *Mémoires* de Canuel. Elle suffit à prouver que le « traducteur, — quel qu'il ait pu être, — a mis, dans sa traduction, une infidélité bien suspecte, et, dans ses additions et suppressions, une mauvaise foi qui lui fait peu d'honneur (1) ».

(1) *Mémoires*, 1re partie, ch. XIII, page 16.

II. — Arrêté de Falleron.

La décision prise à Falleron ne fut pas la *cause*, mais bien la *conséquence* de la dispersion des 2e et 3e corps; — on ne doit pas y voir un acte d'insubordination ni de désobéissance aux ordres du général en chef, mais un acte de déférence envers lui; — enfin, ni les négociations, ni les intrigues de Fouché ne pesèrent sur la résolution prise par les généraux.

En réalité, cette décision, — qualifiée du nom d'arrêté, — eut pour objet de mettre sous les yeux de La Rochejaquelein les causes et les résultats de la dispersion des 2e et 3e corps d'armée.

« Les causes furent les fatigues, le manque presque absolu de vivres; une absence prolongée des paysans loin de leurs foyers, absence qu'ils ont rarement consenti à prolonger au delà de huit jours, même dans les premières guerres; leur répugnance bien avérée à s'enfoncer dans le Marais; l'impression fâcheuse, jetée dans leurs esprits par la lettre du capitaine Kittoë, jointe à un commencement de découragement causé par l'échauffourée d'Aizenay; enfin l'inquiétude qu'amène inévitablement l'éloignement du pays qu'on se croit plus particulièrement appelé à défendre (1). »

Le déplorable résultat de cette dispersion fut d'isoler le 1er corps, déjà fortement menacé du côté de Nantes, et de compromettre le 4e, imprudemment engagé dans le Marais.

Mais ce résultat étant inévitable et ressortant de la force même des choses, il ne restait aux trois généraux,

(1) *Mémoires*, 1re partie, ch. XIV, page 22.

privés de troupes, que le devoir tout tracé de prévenir le marquis de La Rochejaquelein de cette triste situation et de chercher à le prémunir contre les dangers qui menaçaient d'en devenir la conséquence probable.

Ils devaient également l'informer des mesures qu'ils allaient prendre pour se porter à son secours. Ils ne firent pas autre chose et c'est précisément cette marque de déférence qui leur a été reprochée comme un acte d'insubordination.

Nous avons dit que les paysans manifestèrent leur mécontentement à Saint-Christophe, dès que l'ordre de marche sur le Perrier eut été officiellement donné, et qu'ils prirent aussitôt la route de Légé. Ainsi qu'on a pu le voir, dès son arrivée à Falleron, d'Autichamp avait remarqué le désordre survenu parmi les troupes de ses deux collègues et constaté les efforts inutilement tentés par les officiers pour rallier leurs hommes. Or, ce ne fut qu'après cette constatation douloureuse que les généraux se réunirent en conseil de guerre : il est donc de toute évidence que leur résolution fut postérieure à la dispersion des deux corps d'armée et qu'elle en fut la conséquence, et non la cause.

Quant aux intrigues de Fouché, il n'en existe pas même trace au cours de la délibération. Les généraux ne firent aucune allusion aux propositions de Malartic et, sans une injustice gratuite, on ne saurait suspecter leur loyauté. Ils pensaient même si peu à une pacification que, dans l'arrêté, — et cette clause fut suivie d'une exécution immédiate, — ils tinrent à manifester leur intention formelle de procéder à de nouveaux rassemblements, indispensables pour continuer la guerre.

L'arrêté de Falleron et la lettre d'envoi de Suzannet furent naturellement très violemment attaqués par le général Canuel. Ce narrateur fantaisiste procède pour cela de la même façon que lorsqu'il s'efforce de justifier le départ de Saint-Christophe. Comme alors, il retranche des mots et des phrases de haute importance dans la copie des pièces, et dénature, dans ses commentaires, le texte de certains passages, pour en tirer des conséquences erronées ou calomnieuses.

Son parti pris de ne pas considérer cet arrêté comme un acte respectueux, à l'égard du général en chef, lui fait supprimer, dans la lettre de Suzannet, l'expression des regrets qu'elle contient, et le désir parfaitement exprimé, au nom des trois généraux, de s'entendre avec le marquis de La Rochejaquelein pour arrêter un plan de défense.

Afin de rejeter sur les chefs seuls tout l'odieux de la défection spontanée et irrésistible de leurs hommes, il se tait, à la fois, sur la surexcitation des esprits, sur l'effet désastreux produit par l'ordre de départ pour le Perrier, et sur les bruits de trahison et d'abandon qui avaient circulé parmi les paysans.

Suivre pas à pas le texte original et la « version » de l'ancien républicain serait édifiant, mais un peu long. Aussi nous bornerons-nous à deux ou trois citations très courtes, qui donneront une idée de cette pièce si adroitement falsifiée.

L'arrêté de Falleron portait ces mots : « Ils (les chefs) ne peuvent, *sans* faire de nouveaux rassemblements, se remettre en marche. » Sans hésiter, Canuel écrit : « Ils ne peuvent *pas* faire de nouveaux rassemblements, *ni* se remettre en marche. »

Un peu plus loin, nous retrouvons cette phrase bien simple et bien claire : « Les rassemblements seront *soutenus* dès que... » ainsi déformée, sous sa plume fantaisiste : « Les rassemblements seront *douteux* dès que.... »

Nier que la résolution des généraux fut la conséquence de la défection semble bien difficile. Canuel trouve, cependant, le moyen d'y arriver grâce à des substitutions... plus qu'adroites. Par exemple, dans la lettre d'envoi, en remplaçant ces mots : « Les soldats *veulent* absolument *rentrer* chez eux, » par ceux-ci : « Les soldats *se retirent* dans leurs foyers, » ce qui donne assez aisément à entendre que cette retraite fut le fait, non de la volonté des soldats, mais bien d'un licenciement ordonné par les chefs.

« Nous avions déjà un exemple de l'artifice avec lequel on fait dire à une lettre tout autre chose que ce qu'elle contient, nous avons ici une nouvelle preuve de la persistance dans un système qui assurément n'aura jamais rien de digne et d'honorable aux yeux des gens sensés et loyaux (1). »

III. — Ordres du jour des 1er et 2 juin.

Le comte d'Autichamp donne, dans ses *Mémoires*, relativement à ces deux ordres du jour, d'intéressantes explications, que nous allons chercher à résumer, mais dont nous lui laissons l'entière et absolue responsabilité.

Malgré les dates, — à ce qu'il affirme du moins, — l'ordre du jour du 1er juin fut postérieur à celui du 2. En outre, il contient des dispositions « inéxécutables », calculées à dessein pour permettre de baser la destitution des généraux sur un motif de désobéissance hiérarchique.

Nous devons cependant ajouter que le général d'Autichamp rejette encore toute la responsabilité de ces actes sur Canuel et dégage pleinement la bonne foi et la loyauté du marquis de La Rochejaquelein : « Je dirai toutefois dans

(1) *Mémoires*, 1re partie, ch. XIV, page 21.

mon intime conviction, écrit-il dans ses *Mémoires*, que, si un sentiment, contre lequel je ne récriminerai point, a guidé la plume du major-général dans leur rédaction, l'inexpérience de M. le marquis de La Rochejaquelein a dû être surprise et égarée, lorsqu'il a signé ces actes déplorables. Les ordres du jour des 1er et 2 juin ne sont, en définitive, qu'une nouvelle preuve de la fatale influence qui l'a poursuivi pendant cette malheureuse campagne de 1815. Ils attestent, chez le général en chef, les graves inconvénients qui sont presque toujours la suite d'une confiance mal placée et toute l'absence de modération, de convenance et d'habileté dans la personne de son chef d'état-major (1). »

L'ordre du jour du 1er juin était d'une exécution matériellement impossible, puisque, *rédigé dans la soirée*, il se trouvait contenir des dispositions exécutoires *le jour même*. C'est Canuel lui-même qui nous apprend que le marquis de La Rochejaquelein arriva à deux heures à Croix-de-Vie et s'embarqua dans la soirée pour aller conférer avec l'amiral anglais. Il lui était donc difficile, avant cette partie de la journée, et sans s'être entendu, au préalable, avec le chef de l'escadre, de désigner l'endroit où devait s'opérer le débarquement. Il le pouvait d'autant moins que, par la lettre du capitaine Kittoë, datée du 31, il était prévenu que l'amiral Kotham ne ferait rien sans avoir vu le général en chef.

L'ordre du jour ne fut donc envoyé que fort tard et les instructions transmises aux trois généraux ne leur parvinrent que bien après le moment où il eût été nécessaire de les exécuter.

D'Autichamp estime encore que les dépêches expédiées par Suzannet le 1er juin, vers dix heures du matin, durent

(1) *Mémoires*, 1re partie, ch. XVI, page 18.

arriver à Croix-de-Vie, avant la rédaction du premier ordre du jour. Le retard du courrier, — retard de vingt-quatre heures, on s'en souvient, — lui paraît, avant tout, inexplicable. Il se refuse à admettre qu'un paysan, « arrivant en toute hâte, » — selon l'expression même du général Canuel, — ait eu besoin de vingt-quatre heures pour franchir sept ou huit lieues ; alors surtout que Suzannet avait certainement dû choisir son courrier parmi les plus intelligents et les plus dévoués ; alors qu'il l'avait muni d'instructions précises et urgentes et qu'enfin aucun obstacle n'était survenu du fait de l'ennemi. Si, au contraire, on admet ce retard, — malgré toute son invraisemblance, — il paraît singulièrement étrange que le major-général n'ait pas exigé des explications du courrier et ne lui ait adressé aucun reproche.

Mais l'étude des deux ordres du jour fournit, d'une façon encore plus saisissante, la preuve, ou du moins la très forte présomption de leur rédaction simultanée.

A quels motifs, en effet, doit-on attribuer cette déclaration insérée dans le premier ordre du jour : « Si j'apprends qu'aucun chef prête l'oreille aux séductions de l'ennemi, justice prompte en sera faite ! » Ne dirait-on pas qu'elle indique d'avance la couleur malveillante qu'on ne manquera pas de donner le lendemain aux prétendus motifs secrets de la décision prise à Falleron ? Cette prévoyante déclaration n'est-elle pas un avant-coureur de l'ordre du jour du 2 juin, ordre de destitution, dont la pensée perce déjà ?

Et quand le marquis de La Rochejaquelein dit : « Songeons que, hors de l'état de guerre, nous marchons, quant au rang, sur la même ligne et qu'il n'y a pas de suprématie ; mais que, dans l'état où nous sommes, on doit obéir. C'est le premier devoir de l'homme d'honneur :

quiconque s'en écarte est indigne de rester parmi nous. » Dans cette phrase, le général en chef ne semble-t-il pas doué d'une extraordinaire double vue, au sujet de ce qui se passait à Falleron ?

« Comment s'expliquer aussi la différence qui existe dans le langage des deux actes émanés de l'autorité du général en chef, lorsque, dans le premier, s'adressant aux véritables chefs des trois corps d'armée, il leur intime ses ordres avec menaces et que, parlant, dans le second, aux chefs éphémères qu'il vient de créer, il n'emploie à leur égard que des termes de modération (1). »

Plus loin, ce long fatras de grandes phrases déclamatoires est d'un illogisme assez curieux. Pourquoi, en effet, si la dissolution des deux corps d'armée n'avait pas été connue, pourquoi ordonner de mettre « debout et en armes » tous les Vendéens que l'on savait déjà réunis, debout et en armes? Comment les généraux auraient-ils pu faire sonner le tocsin dans toutes les paroisses, alors qu'ils en étaient éloignés et que les hommes se trouvaient hors de ces paroisses? Comment enfin pouvaient-ils se faire délivrer des certificats par les maires de communes d'où ils étaient absents?

En présence de ces ordres étranges, ne serait-on pas, franchement, en droit de supposer qu'à Croix-de-Vie on ignorait bien moins qu'on ne voulait le paraître la dispersion des rassemblements ?

Voici, enfin, une autre preuve, — et non des moins probantes, — que cet ordre du jour masque un mystère. Canuel, qui l'avait pourtant contresigné, n'ose pas en reproduire le texte dans ses *Mémoires* et se contente de mentionner les instructions qu'il contenait relativement

(1) *Mémoires*, 1re partie, ch. XVI, page 8.

aux mouvements des troupes. Toutes les autres dépositions sont systématiquement laissées dans l'ombre.

En ne donnant ni la date de la rédaction, ni celle fixée pour l'exécution, « n'a-t-il pas voulu faire croire que les trois généraux, signataires de la délibération de Falleron, s'étaient refusés à l'exécution de ce plan qui n'était ni rédigé, ni conçu, quand cette délibération a eu lieu (1) ? »

En somme, alors que l'on refuserait la valeur d'une preuve à tout ce faisceau d'invraisemblances, de contradictions flagrantes, d'impossibilités matérielles, accumulées comme à plaisir à l'entour et dans la rédaction même de cet ordre du jour, on ne pourrrait cependant pas adresser de bien graves reproches à d'Autichamp, lorsqu'il y prétend voir la poursuite tenace d'un but de longtemps caressé et poursuivi.

« La délibération de Falleron n'a point été d'ailleurs le motif de la destitution prononcée contre les trois généraux signataires. Leur présence à la tête des corps les plus importants de l'armée excitait l'envie ; leur influence, acquise dans le pays par d'anciens services, portait ombrage à des vues ambitieuses. Il fallait un prétexte pour anéantir leur influence et attaquer leur position : on l'a saisi avec avidité (2). »

Ainsi accusés de « lâcheté, d'infamie et de trahison », les généraux vendéens bondirent sous cet outrage immérité et firent entendre des protestations violentes et indignées. Mieux que toutes les défenses verbales et écrites, leur conduite ultérieure les vengea amplement et prouva leur inébranlable fidélité à la cause vendéenne. Aujourd'hui le temps a passé d'un coup d'aile sur tous ces événe-

(1) *Mémoires*, 1re partie, ch. XVI, page 13.
(2) *Mémoires*, 1re partie, ch. XVI, page 15.

ments et sur toutes ces misères. Malgré l'intrigue, les gloires sont restées pures et c'est au même titre que la Vendée peut être fière de celui qu'une balle frappa glorieusement au champ des Mathes et de ceux qui, après lui, continuèrent vaillamment la lutte.

CHAPITRE V

Parti de Légé le 1er juin, le général d'Autichamp arriva à Cholet le 3, après avoir traversé Vieillevigne, Montaigu et Boussay. Ce fut au cours de cette marche et pendant son séjour à Cholet, qu'il apprit, par plusieurs lettres du comte de Suzannet, les événements qui se passaient dans le Bas Poitou.

Dès le 2 juin, le commandant du 3e corps lui avait écrit de Maisdon : « Voilà La Rochejaquelein seul avec les divisions du Marais. Il peut se défendre dans ce pays, mais aussi il peut y être forcé. C'est pourquoi il faut le soutenir, malgré l'embarras où nous sommes et où il nous a mis. Je fais en conséquence toutes mes dispositions pour lever le pays et marcher en avant. Il est absolument essentiel qu'à ton arrivée tu prennes les mêmes dispositions. Je vais envoyer un officier sûr, qui me dira au juste ce que c'est que ce débarquement et en quoi il consiste. »

Le 3, il lui écrivit encore : « D'après la lettre du commandant de l'escadre anglaise, nous aurons des secours de tout genre. Je me mettrai en marche mardi matin, pour me porter par Vieillevigne, Rocheservière, Légé, etc. Je te prie d'envoyer un fort détachement de ton armée, si tu ne peux pas venir toi-même, ce qui vaudrait mieux. »

Enfin le 5, dans une troisième lettre, Suzannet annonçait son départ et prévenait d'Autichamp de leur commune destitution, annoncée officiellement dans l'ordre du jour du 2 juin. « Si j'en crois, écrivait-il, les bruits qui courent, et qui me paraissent certains, du moins pour moi, et qui le sont aussi pour toi et de Sapinaud, Louis de La Rochejaquelein nous a destitués tous trois. Comme je ne connais pas ses droits, ses pouvoirs, qu'il ne nous les a pas communiqués, je lui ai écrit que je ne me regardais pas comme destitué, que s'il avait des pouvoirs aussi étendus, il fallait nous les communiquer, que la force des choses nous avait obligés de nous éloigner, que moi, personnellement, étant plus près, je me portais vers lui avec toutes mes divisions. Je serai demain à Saint-Christophe.... »

D'Autichamp détacha immédiatement une division de quinze cents hommes, dont il confia le commandement au marquis de la Bretesche, avec ordre de rejoindre le 3e corps et de le seconder. Quant à lui, il ne pouvait songer à se mettre à la tête de cette expédition et il dut rester dans le Maine-et-Loire, où sa présence était plus nécessaire que jamais pour s'opposer à la marche offensive de l'armée ennemie, qui, entrée à Chemillé le 3 juin, menaçait fortement Cholet. Pendant que le marquis de la Bretesche se dirigeait vers le Bas Poitou, il se porta contre les troupes bonapartistes, commandées par le général Brayer, et les força à reculer du côté de Pont-Barré. Dans l'espoir de tourner la position, il se jeta ensuite sur Saint-Lambert; mais, cette fois encore, l'ennemi évita le contact et se replia sur Angers.

Après avoir ainsi complètement balayé l'Anjou, d'Autichamp se rendit de Saint-Lambert-du-Latay à Beaupréau et à Gesté, avec l'intention de se porter au secours de La Rochejaquelein et de Suzannet. A Beaupréau, M. le Maignan, officier de l'État-major général, lui apporta l'ordre de révocation ; il n'en continua pas moins sa marche sur Gesté et c'est là qu'il apprit, par une lettre de Suzannet, la mort du général en chef et le licenciement de toutes les divisions vendéennes.

Pendant que d'Autichamp chassait de l'Anjou jusqu'au dernier soldat bonapartiste, de douloureux événements se passaient du côté de la mer. Après une longue fusillade à Croix-de-Vie contre les troupes du général Grosbon, qui occupait Saint-Gilles, les Vendéens s'étaient retirés, le 3, à cinq heures du soir, par la route de Saint-Jean-de-Monts. Le général en chef avait été informé de la présence des généraux Travot et Estève dans les environs et il avait compris que l'obstination, mise par l'ennemi, à ne pas sortir de Saint-Gilles n'était qu'une ruse pour donner le temps aux troupes de prendre des positions favorables. Le 4, en effet, Travot occupa Riez, et Estève se porta de cette ville sur le Perrier, afin de couper toute retraite aux Royalistes. Voulant éviter le danger d'être ainsi acculé à la mer, sans espoir de retraite, La Rochejaquelein attaqua cette dernière colonne aux Mathes ; mais au milieu de l'action une balle vint le frapper en pleine poitrine et sa mort entraîna la défaite de l'armée qui se replia en assez bon ordre sur Saint-Jean-de-Monts.

Après la mort du général en chef, Auguste de La Rochejaquelein quitta le bord de la mer et reprit la route du Bocage. Entre le Perrier et Saint-Christophe, il rencontra Duchaffault, arrivant à son secours avec un assez fort rassemblement, et, près de Légé, Suzannet qui se portait également sur le Marais, à la tête de 4.000 hommes.

A Légé, les généraux discutèrent si l'on ne tenterait pas de chasser l'ennemi du Bas Poitou. L'opération était alors très réalisable, avec les forces importantes déjà concentrées sur ce point et qui seraient renforcées encore par les divisions de Sapinaud, dont les rassemblements devaient être probablement terminés. L'absence de direction générale ayant fait abandonner ce projet, on licencia toutes les troupes et des courriers furent immédiatement expédiés à MM. de Sapinaud et de la Bretesche pour les prévenir de cette décision.

En envoyant ces renseignements à d'Autichamp, Suzannet ajoutait que les généraux, décidés à arrêter ensemble un nouveau plan de campagne, devaient se réunir, dans ce but, à la Musselière, près Saint-Hilaire-de-Loulay.

Le premier acte de d'Autichamp fut d'annoncer à ses troupes, par un ordre du jour, la perte cruelle que venaient de faire les Royalistes ; il fit ensuite savoir à Suzannet qu'il allait se rendre immédiatement à Montfaucon, où il espérait que la réunion projetée pourrait avoir lieu.

Le 10, Auguste de La Rochejaquelein, de Suzannet et de Sapinaud vinrent le rejoindre, et, le jour même, les généraux se réunirent en conseil de guerre.

Dans la première séance, l'armée royale fut ainsi réorganisée :

De Sapinaud, le plus ancien des généraux, reçut le commandement en chef ; le comte Auguste de La Rochejaquelein fut nommé major général, et Canuel aide-major général, fonctions qu'il refusa. Le commandement du 1re corps (Anjou) échu au comte d'Autichamp, celui du 2e (Bas Poitou) au comte de Suzannet, celui du 3e (Centre) au chevalier de Saint-Hubert, enfin celui du 4e (Poitou) à Duperrat.

On constitua également, près du général en chef, un

conseil permanent formé d'un officier par corps d'armée. Ce conseil devait avoir voix consultative et être convoqué d'office toutes les fois qu'il s'agirait de prendre une décision relative aux opérations et aux mouvements de l'armée.

Il fut encore résolu qu'avant de se porter vers la côte pour tenter un nouveau débarquement, on s'occuperait d'une réorganisation des troupes. Le plan soumis par le général Canuel consistait à donner à l'armée vendéenne une formation régulière ; c'était un bouleversement, non seulement antipathique aux paysans, mais encore impraticable, en raison du temps, des écritures et des états sans nombre nécessaires à son exécution. « Cette conception était un témoignage incontestable de l'ignorance profonde que l'ancien chef d'état-major avait des mœurs et des habitudes du pays. » Après un court examen, il n'en fut même plus question, et on confia à chaque général le soin d'organiser son corps d'armée.

Restait l'expédition sur le Marais qui était, à ce moment, plus importante que jamais. D'Autichamp proposa de s'y porter de suite avec les trois mille hommes qu'il avait encore autour de lui ; mais, — à tort ou à raison, — le conseil crut devoir décliner cet offre et les troupes du 1er corps furent alors licenciées comme les autres. D'Autichamp désigna son chef d'état-major, Tristan-Martin, pour représenter l'armée d'Anjou, près du général en chef.

Sur ces entrefaites arriva à Montfaucon un officier, envoyé par le général Lamarque et porteur de lettres adressées aux chefs vendéens. A ces lettres était joint un traité de pacification transmis à Lamarque par le prince d'Eckmühl, ministre de la guerre, et par le duc d'Otrante, ministre de la police.

Par sa lettre, le général Lamarque mandait aux généraux royalistes qu'il était autorisé à traiter avec eux sur des bases à peu près conformes aux ouvertures que lui avaient transmises MM. de Malartic, de Flavigny et de la Béraudière ; il les priait d'indiquer un village près de Nantes, où pourraient avoir lieu les conférences ; il terminait enfin en les prévenant que des forces considérables venaient de lui arriver, mais que, néanmoins, à dater du moment de leur réponse, les hostilités seraient suspendues pour vingt-quatre heures.

Quant au traité de paix, il portait l'amnistie pour le passé, — la faculté donnée aux chefs d'habiter en France sans y être inquiétés, — la mise immédiate en liberté de toutes les personnes arrêtées par suite de l'insurrection, — la certitude qu'il ne serait pas fait d'appel dans le courant de l'année 1815, — l'engagement de confier aux habitants la garde de leur pays, — la promesse d'un dégrèvement d'impôts, — la libre et égale accession des Vendéens aux charges publiques.

La remise de ces pièces stupéfia les généraux et faillit devenir un sujet et un texte d'accusation réciproque, chacun d'eux ne sachant comment en expliquer l'origine et redoutant qu'on ne se fût engagé sans une entente préalable. Le mot de l'énigme fut cependant bien vite connu. Lamarque avait cru voir dans la correspondance de Suzannet avec Malartic et, surtout, dans les entretiens de ce dernier, l'indice de quelques chances d'arriver à une pacification. Il en avait fait part au gouvernement, et Bonaparte s'était empressé d'accueillir ces propositions. Cette tentative ne pouvait, d'ailleurs, que servir ses intérêts. Si un traité de paix n'en résultait pas, cette diplomatie aurait du moins l'avantage probable de provoquer parmi les chefs royalistes des soupçons et de la défiance.

Mais à cette date du 10 juin, la situation de l'insurrection vendéenne était loin d'être aussi critique qu'à l'époque où Suzannet avait écrit aux émissaires de Fouché. L'armée royale venait d'être réorganisée, la flotte anglaise mouillait toujours sur les côtes de la Vendée et la lutte s'entamait, formidable et sans merci, entre Napoléon et l'Europe coalisée.

Il ne s'agissait plus comme alors de gagner du temps, d'endormir la vigilance de l'ennemi par des lenteurs calculées, de soulever des objections ou des prétentions parfaitement inadmissibles : on pouvait désormais parler franchement et, sûr du lendemain, — autant que comportent de certitude les chances des combats, — refuser nettement les propositions de Lamarque.

D'un unanime accord, les généraux vendéens déclarèrent à son envoyé qu'ils lui porteraient, eux-mêmes, leur réponse, les armes à la main.

Le rejet de ces propositions marqua la fin de la conférence de Montfaucon, après laquelle les chefs retournèrent dans leurs cantonnements : Sapinaud à la Gaubretière, Suzannet à Maisdon, La Rochejaquelein à Saint-Aubin-de-Beaubigné, d'Autichamp à Cholet.

Pendant que les chefs vendéens organisaient vigoureusement la défense, les généraux bonapartistes, de leur côté, prenaient des dipositions très actives pour les attaquer. Tout en caressant l'espérance de voir réussir ses propositions de paix, Lamarque s'arrangeait de façon à ne pas être pris au dépourvu en cas de réponse négative, et il venait de prescrire une série de mesures énergiques destinées à terminer rapidement la campagne.

Il rappela à lui le général Brayer, dont les troupes devaient envahir le Bas Poitou par le Nord ; Travot reçut l'ordre de sortir de Bourbon-Vendée et de marcher à sa rencontre pour établir un cercle de fer autour de l'armée vendéenne. En même temps, Delaage devait se fortifier dans Parthenay, afin de pouvoir, — le moment venu, — menacer à la fois Bressuire et toute cette partie du Bocage. Enfin, les généraux Gauthier et Schramm qui commandaient à Saumur et à Angers, eurent la mission de garder les bords de la Loire du côté de l'Anjou.

Exaspéré par cette opiniâtre résistance de la Vendée, Napoléon avait prescrit une guerre d'extermination. Heureusement pour la mémoire de l'Empereur, Lamarque résolut, au contraire, de la faire énergique autant que possible, mais honnête et loyale. Il estimait que Hoche avait mieux réussi que Turreau et il préféra agir en général français.

Le 10 juin, il entra en campagne. Son premier acte fut l'occupation de Challans, tandis que Travot, qui s'était porté sur le bord du Marais, menaçait les habitants de couper les chaussées de la Crosnière, s'ils ne se soumettaient pas et ne rendaient pas spontanément les armes cachées dans le pays.

De son côté, le nouveau général en chef de l'armée royale, qui ignorait encore les mouvements de l'ennemi, envoya, le 12, ses instructions à chacun des commandants de corps.

D'Autichamp reçut l'ordre de prendre position à Coex le 18, et de détacher des postes à la Chaize-Giraud et Apremont; Suzannet d'occuper Challans et Soullans et d'envoyer les divisions du Marais et de Bouin au Perrier et à Saint-Jean-de-Monts ; Saint-Hubert, enfin, de prendre position à Aizenay et à Beaulieu-sous-la-Roche. Le 4e corps eut une mission indépendante de cette expédition sur le Marais et Duperrat fut chargé de se porter sur Thouars, Loudun et même Poitiers, si cette marche hardie ne présentait pas trop de difficultés.

Comme supérieur en grade, d'Autichamp eut la direction effective de l'ensemble de ces opérations. Le but de ce mouvement était de retirer du Marais les armes et les munitions, précédemment débarquées par la flotte anglaise et de faire filer le tout sur le Bocage.

En apprenant les mouvements de l'ennemi et les menaces de Travot, Sapinaud modifia ses instructions. Le 13, il prescrivit à d'Autichamp de se porter, à marches forcées, sur Machecoul, afin d'y être arrivé le 16 et d'envoyer de là un détachement considérable à Châteauneuf. En même temps, Saint-Hubert prendrait position entre Challans et Saint-Christophe-du-Ligneron, et Suzannet, après avoir détaché une de ses divisions à Soullans, viendrait occuper la Garnache, pour menacer à la fois Saint-Gervais et Challans.

Cette nouvelle opération, dont d'Autichamp conservait la direction générale, différait essentiellement de celle qui avait été ordonnée la veille. Il ne s'agissait plus de protéger un débarquement ou d'organiser un transbordement d'armes et de munitions: le but proposé était l'anéantissement de Travot dans le Marais et la délivrance de cette malheureuse contrée menacée d'une submersion complète.

Cependant, si belles et si énergiques de conception que fussent les instructions portées dans les deux ordres du jour des 12 et 13, elles n'en avaient pas moins un défaut capital : il était en effet matériellement impossible, dans le temps désigné, de former les rassemblements et de les porter sur les points indiqués.

Dès le 12, d'Autichamp avait été obligé d'avertir le général en chef qu'il ne pourrait pas se trouver à Coex le 18. Le lendemain, la réception du second ordre du jour, qui avançait encore la date de la concentration et indiquait des postes encore plus éloignés, le contraignit à écrire de nouveau à Sapinaud pour lui signaler cette anormale difficulté. « Je supposais, dit-il dans ses *Mémoires*, qu'il y avait une intention secrète enveloppée dans cet ordre du jour réellement inexécutable. Aussi, est-ce avec le pressentiment d'un piège tendu à la bonne foi du général de Sapinaud que je lui avais écrit. Je désirais qu'il se tînt sur ses gardes (1). »

Mais à peine venait-il d'écrire cette seconde lettre que le billet suivant lui était remis de la part de Tristan-Martin :

Aux Soudies, 14 juin 1815, à 1 heure de l'après-midi.

MON GÉNÉRAL,

Je viens d'avoir connaissance de l'ordre du 13. Vous devez croire que j'en ai été dans la stupéfaction. Il a été fait chez Monsieur de La Rochejaquelein et envoyé ici. On vous l'a fait passer sans en calculer les suites. Je les ai fait sentir au général Sapinaud que j'ai engagé à vous écrire de suite, et à remettre au 18, terme que je prévois être encore trop court. Il n'y a pas défaut d'intentions de Monsieur Sapinaud; il en a sûrement de très bonnes. Je veillerai, autant qu'il sera en moi, à ce qu'il ne soit pas surpris.

De Sapinaud apprécia, en effet, la justesse de ces observations et, avant même d'avoir reçu la seconde lettre de d'Autichamp, il avait écrit à tous les généraux pour fixer au 18, à quatre heures du soir, la date des concentrations précédemment ordonnées pour le 16.

D'Autichamp avait redouté, tout d'abord, pour le général en chef, l'influence néfaste de Canuel ; la lettre de Tristan-Martin et le contre-ordre envoyé par Sapinaud dissipèrent ses appréhensions. Il ne songea plus, dès lors, qu'à s'occuper de ses rassemblements. Pendant ces préparatifs,

(1) *Mémoires*, 1re partie, ch. XIX, page 24.

Suzannet l'informa que le général Lamarque venait de quitter Nantes à la tête de troupes nombreuses et qu'il allait se joindre à Travot. Estimant alors que toutes les forces de la Vendée ne seraient pas inutiles pour résister avec succès à un ennemi aussi puissamment renforcé, il donna mission au baron de la Haye, officier de son état-major, de se rendre à Saint-Aubin-de-Beaubigné pour solliciter la coopération du 4e corps.

Le 15, le 1er corps était prêt à marcher. Le 16, il arrivait à Montaigu : le 17, à Vieillevigne. C'est là que d'Autichamp reçut des nouvelles des autres généraux.

La veille, Saint-Hubert avait occupé Beaufou, mais l'ennemi s'étant brusquement porté sur Palluau, Saint-Étienne-du-Bois et le Grand-Luc, il avait dû reculer jusque dans les bois de l'Essart, près de la Copechagnière, où il avait passé la nuit. Le 17, il se trouvait à la Nicolière, hameau situé non loin de la route de Montaigu à la Roche, attendant de nouvelles instructions pour régler sa marche.

Le même jour, Suzannet était à Saint-Philbert-de-Bouaine. De là, il prévint d'Autichamp que Lamarque avait été signalé à Saint-Etienne-de-Corcoué ; que Challans, Soullans, Saint-Christophe et la Garnache étaient occupés par les troupes ennemies, mais qu'on ne devait rien redouter du côté de Nantes.

Le baron de la Haye apporta également à Vieillevigne des nouvelles du 4e corps. La Rochejaquelein informait son collègue que, reconnaissant la nécessité d'unir leurs forces, il renonçait à son expédition sur Thouars et allait se porter, aussi rapidement que possible, sur Clisson et Montaigu, en passant par Cholet.

Dans la soirée, d'Autichamp, de Suzannet et de Saint-Hubert se réunirent à Vieillevigne. Ils convinrent que, dès le lendemain, le 2e corps prendrait position à Rocheservière et le 3e à Saint-André-Treize-Voies, tandis que le 1er corps resterait à Vieillevigne. Cependant, comme il était urgent d'assurer les communications entre les diverses troupes, il fut convenu que le 1er corps détacherait la division commandée par de Caqueray à la Grolle et deux subdivisions, sous les ordres de MM. de la Sorinière et du Doré, à Malabrit et à la Garsonnière.

Enfin, pour régler les éventualités possibles, les généraux décidèrent qu'au premier coup de feu toutes les troupes se porteraient sur le point attaqué.

Les trois corps d'armée, concentrés sur la rive droite de la Boulogne, occupaient ainsi une position en triangle dont Vieillevigne était l'extrémité. Les divisions de La Rochejaquelein, que l'on attendait d'un moment à l'autre, devaient former la réserve et un point d'appui, au cas où l'on serait obligé de battre en retraite.

Le 19, Suzannet commit la faute d'abandonner Rocheservière pour se porter à Mormaison que l'on croyait attaqué. Le général Estève profita de cette fausse manœuvre : à la tête de 1800 hommes, il traversa la Boulogne, dont le passage n'était plus défendu, et tomba à l'improviste sur les troupes, portées à la Grolle et à la Garsonnière. D'Autichamp put, heureusement, arriver à leur secours avec la division du marquis de la Bretesche, et le général Estève se replia en bon ordre sur Rocheservière.

Ce demi-succès fut plus fatal qu'un échec. Enflammés à l'idée du contact définitif que l'on cherchait en vain depuis si longtemps, lassés de ces marches et contre-marches, les Vendéens, persuadés que l'on avait été aux prises avec l'armée entière de Lamarque, manifestèrent le désir de la poursuivre et d'achever sa défaite. Suzannet et Saint-Hubert, entraînés par leurs hommes, durent se mettre en marche sur Rocheservière et y passèrent la Boulogne. En même temps, ils dépêchaient deux officiers à Vieillevigne, pour prévenir d'Autichamp de l'impatience des troupes et lui demander d'appuyer leur mouvement.

D'Autichamp vit de suite l'énorme faute de tactique que ses deux collègues allaient commettre. Son premier soin fut de les engager à dompter l'ardeur de leurs troupes et à occuper, avant tout, Rocheservière, dont la position était de la plus grande importance. Il ajouta cependant qu'il se porterait à leur secours s'ils venaient à être attaqués, mais qu'il ne prenait pas la responsabilité de ce qui pourrait arriver.

A onze heures du soir, on vint l'informer que Suzannet et Saint-Hubert, non seulement n'étaient pas revenus à Rocheservière, mais s'en éloignaient de plus en plus et se dirigeaient vers Saint-Étienne-de-Corcoué. Il fut navré de cette manœuvre si dangereuse dans ses conséquences. Désormais, le 1er corps était isolé du reste de l'armée et dans l'impossibilité d'en être soutenu ou de lui venir en aide. En outre, on perdait, par là, tout l'avantage de la concentration sur la rive droite de la Boulogne et, dès lors, rien n'empêchait plus l'ennemi d'écraser en détail les tronçons désemparés de l'armée vendéenne.

Il essaya, cependant, de conjurer encore le danger. En vertu de ses fonctions momentanées de commandant en chef de cette expédition, il dépêcha, séance tenante, un de ses officiers porteur de l'ordre formel de reprendre les premières positions. Cet officier rencontra les deux généraux au bois du Coin, à trois heures du matin, et le mouvement rétrograde commença aussitôt. L'intention de Suzannet et de Saint-Hubert était de venir se placer en avant de Rocheservière, leur droite appuyée à la forêt, leur gauche à la Malicotière ; mais à peine le 3e corps débouchait-il de la forêt qu'il fut attaqué et dispersé en quelques instants, par l'ennemi qui se portait de Légé sur Rocheservière. A la tête du 2e corps, Suzannet s'élança à son secours, pour lui permettre de se rallier et de reprendre l'offensive ; malheureusement, au milieu de la mêlée, une balle le frappa mortellement et les troupes, découragées par la perte de leur chef, s'enfuirent en désordre dans la forêt de Rocheservière.

Pendant cette attaque si malheureuse, l'officier qui était allé prévenir les deux généraux arrivait à Vieillevigne vers cinq heures du matin. Sûr désormais que ses ordres étaient en voie d'exécution, le commandant du 1er corps détacha en avant-garde la division de Beaupréau et se mit lui-même en marche avec le reste de ses troupes. Aussitôt arrivé à Rocheservière, où son avant-garde eut à échanger quelques coups de feu avec l'ennemi, il laissa la division de Cholet en réserve sur un plateau dominant le village et se porta à la défense du pont de la Boulogne, dont Lamarque cherchait à forcer le passage.

A ce moment, d'Autichamp ignorait encore la dispersion des 2e et 3e corps; il espérait, au contraire, qu'attirés par le bruit du combat, ils viendraient attaquer l'ennemi sur ses flancs, et, comme toutes ses forces étaient nécessaires pour maintenir Lamarque, il ne se préoccupa pas de garder les rives de la Boulogne. Le général bonapartiste profita de cette faute; sur son ordre, deux de ses colonnes passèrent la rivière à droite et à gauche, et purent ainsi tomber à l'improviste sur les Vendéens. Au même instant, d'Autichamp apprit la défaite de ses collègues. Il ne lui restait plus qu'à sauver les défenseurs du village qui allaient infailliblement être cernés. La réserve reçut l'ordre de se porter à leur secours et grâce au courage des officiers qui disputèrent le terrain pied à pied, la retraite put se faire en assez bon ordre sur Vieillevigne.

Lamarque, du reste, n'abusa pas d'une victoire que la supériorité du nombre lui permettait de transformer en déroute meurtrière. Caressant toujours, sans doute, l'espoir d'obtenir une pacification, il pensait que la modération, en cette occurrence, faciliterait la réussite de ses projets.

A Vieillevigne, d'Autichamp licencia son corps d'armée. Selon leurs habitudes, les paysans regagnèrent leurs foyers par petits groupes bien pacifiques, et l'état-major, accompagné d'une faible escorte, arriva le 22 à Cholet.

Le jour même de la bataille de Rocheservière, d'Autichamp avait reçu des nouvelles du 4e corps qui, contrairement à ce qu'avait annoncé La Rochejaquelein dans sa lettre du 17, s'était porté sur Thouars.

Ce fut encore, affirme d'Autichamp dans ses *Mémoires*, un triste résultat de l'influence pernicieuse du général Canuel.

Voici, à ce sujet, ce que lui avait écrit Tristan-Martin : « Ce n'est point M. de Sapinaud qui commande, et très peu M. de La Rochejaquelein, mais c'est bien Canuel, et qui ne cesse d'entretenir la division. Malgré la promesse qu'on vous a faite de faire marcher l'armée du Haut Poitou sur vos derrières, on a fait partir cette armée des Aubiers, hier, à une heure de l'après-midi, pour marcher sur Thouars. Je suis presque sûr qu'on tendait à ce projet malgré ce qu'on vous a écrit... »

Quoi qu'il en soit, l'absence de ces forces fut très regrettable : le concours du 4e corps aurait peut-être permis d'éviter le désastre de Rocheservière et l'expédition de Thouars fut bien inutile, puisqu'après leur entrée dans la ville les Vendéens durent battre en retraite devant les troupes du général Delaage.

CHAPITRE VI

La défaite de Rocheservière et l'échec de l'expédition de Thouars portant un coup fatal à l'insurrection vendéenne, les généraux bonapartistes résolurent de renouveler leurs propositions pacifiques.

Dès le 20, Lamarque envoya la lettre suivante à chaque général vendéen :

Villevigne, ce 20 juin 1815.

MONSIEUR,

MM. de Malartic, de Flavigny et de la Béraudière doivent être en ce moment auprès de vous, porteurs des propositions faites par le Gouvernement.

Ils m'ont assuré, Monsieur, que, malgré la différence de nos opinions, vous conserviez le cœur français et que vous n'étiez pas insensible aux malheurs dont ce pays est le théâtre. C'est du champ de bataille de Rocheservière, où il n'a été versé que du sang français, et au moment où il me serait facile de suivre mes succès, que je vous propose de nouveau de donner la paix aux départements de l'Ouest.

Militaire, je ne vous offrirai que des conditions que l'honneur peut avouer, et qui concilieront vos intérêts et ceux de la patrie.

Il est impossible, Monsieur, qu'on vous trompe sur les événements. Une dépêche télégraphique que m'a transmise le général Charpentier et qui m'est parvenue au moment même où nous nous battions ensemble, m'annonce que l'Empereur a passé, le 15, la Sambre, écrasé l'avant-garde prussienne et que le 16 il a remporté une victoire complète sur les armées réunies de Blücher et Wellington. Je vous garantis ces nouvelles sur ma foi militaire.

Je vous prie, Monsieur, de communiquer ma lettre à M. de Suzannet et aux autres chefs de l'armée. Au premier mot de réponse, j'arrêterai la marche des colonnes, et nous règlerons le lieu des conférences.

LAMARQUE.

Le lendemain, Lamarque confirmait ces propositions par une seconde lettre écrite dans le même sens.

Les généraux de Sapinaud, d'Autichamp et de La Rochejaquelein se retrouvèrent à Cholet le 22 et ne purent se dissimuler l'extrême gravité de la situation. Persuadés, cependant, que les forces de l'Empereur ne pourraient résister longtemps aux efforts de la coalition étrangère, ils résolurent de laisser le temps travailler pour eux et répondirent à Lamarque en ces termes :

Cholet, 22 juin 1815.

GÉNÉRAL,

Nous venons de recevoir vos lettres du 20 et du 21 du courant. Nous voulons faire part de vos propositions à tous les géraux royalistes de la rive droite de la Loire, bien décidés de ne point séparer nos intérêts des leurs. Pendant le temps qui nous sera nécessaire pour avoir leur réponse, voyez, Général, si vous jugez à propos de suspendre toute hostilité. Nous attendons votre réponse et votre conduite réglera la nôtre.

P. S. — Monsieur de La Rochejaquelein a reçu du général Delaage une lettre dans le sens de celle que nous avons reçue de vous et il a fait une réponse analogue à celle que nous avons l'honneur de vous faire.

De SAPINAUD, général en chef,
Auguste de La ROCHEJAQUELEIN,
Comte Charles d'AUTICHAMP.

Le comte de La Rochejaquelein avait, en effet, — dès le 21, — reçu les mêmes propositions, et un armistice de trois jours avait été convenu entre lui et le général Delaage.

La lettre des généraux vendéens ne pouvait satisfaire entièrement Lamarque ; le 23, cependant, il leur répondit de Clisson :

Je consens que les stipulations, que nous réglerons, soient communes aux chefs de la rive droite. Cette explication doit suffire pour lever toute espèce de difficulté. Ils regardent que leurs intérêts ne peuvent être en meilleures mains.

J'arrêterai mes colonnes jusqu'au 25 du courant. Passé ce temps, je remplirai les intentions de l'Empereur en occupant le pays.

LAMARQUE.

Aussitôt qu'il eut pris connaissance de cette lettre, le général de Sapinaud réunit, en un conseil extraordinaire, tous les officiers présents à Cholet. L'assemblée décida qu'il fallait, tout d'abord, essayer d'obtenir un délai plus long, puis elle nomma une commission chargée de rédiger un projet de réponse dans lequel on réclamerait un sursis de dix jours, nécessaires pour s'entendre avec les chefs de la rive droite.

Il fut encore convenu que le conseil se réunirait le lendemain à la Tessouale, petit village situé à deux lieues de Cholet, qui paraissait offrir plus de garanties de sécurité.

Dès le début de la séance du 24, Sapinaud communiqua la réponse du général Lamarque :

Clisson, 23 juin 1815

MONSIEUR LE GÉNÉRAL,

Le délai que vous demandez semble annoncer que vous n'avez pas le désir sincère de faire la paix. Je vous envoie le traité dont vous avez vous-même réglé les conditions. Je marche ; il ne tient qu'à vous d'arrêter mes colonnes en renvoyant le traité signé.

LAMARQUE.

Cet ultimatum provoqua de longues et orageuses discussions. Une partie des officiers, — et d'Autichamp en tête, — estimaient que la lutte n'était plus soutenable dans les conditions actuelles. Lamarque se dirigeait vers Beaupréau, Travot était à Montfaucon, et la Vendée n'avait aucunes forces à opposer à ces troupes nombreuses et solidement constituées. On annonçait, en outre, que Napoléon était de plus en plus menacé par les armées coalisées. En l'état de choses, ne valait-il pas mieux paraître entrer dans les vues de Lamarque, consentir à des conférences, élever des discussions sur les articles qui étaient soumis, en étendre et prolonger le plus possible la durée, afin de gagner encore du temps... « J'aurais désiré, écrit d'Autichamp, que, sous les apparences d'un accord avec le général Lamarque, on eût pu arrêter son mouvement et nous donner le temps de nous reconnaître (1). »

A cela, les partisans des hostilités répondaient que la Vendée ne pouvait déposer les armes sans avoir réellement lutté, que les combats livrés jusqu'alors n'avaient guère été que des escarmouches, préludes des rencontres futures et qu'avant de lâcher pied, il fallait au moins sauver les apparences et tenter le sort d'une bataille sérieuse.

Dans ces conditions, la discussion menaçait de s'éterniser sans amener aucune solution, lorsque La Rochejaquelein proposa de trancher, par un vote, la question de paix ou de guerre. Tous les membres du conseil s'engagèrent sur l'honneur à se conformer à la décision de la

(1) *Mémoires*, 1re partie, ch. XXIII, page 3.

majorité et sur 34 votants, 22 furent d'avis d'entrer en pourparlers avec Lamarque.

La discussion était close par ce vote et Sapinaud écrivit aussitôt la lettre suivante, que Duchaffault fut chargé de porter au général Lamarque :

La Tessoualle, ce 24 juin 1815.

MONSIEUR LE GÉNÉRAL,

J'ai l'honneur de vous prévenir qu'au reçu de votre lettre, j'ai réuni les généraux et les officiers qui ont accepté en majorité, les bases du traité dont vous m'avez donné connaissance. En conséquence, je vous prie de vouloir bien me répondre de suite, par l'officier qui accompagne votre courrier, afin de fixer le lieu des conférences et la manière dont on s'y réunira.

DE SAPINAUD,
général en chef.

Cette décision fut vivement attaquée; elle donna lieu aux commentaires les plus fantaisistes et faillit même se traduire en conséquences déplorables. Quelques esprits plus surexcités allèrent jusqu'à accuser d'Autichamp d'être arrivé à la Tessoualle avec un nombre d'officiers assez considérable pour disposer, à son gré, d'une majorité résolue, avant le conseil, à traiter avec le général Lamarque.

Et pourtant, si l'on avait pris la peine de réfléchir, il eût été facile de constater que les vingt-deux officiers ayant voté en faveur des préliminaires de paix n'avaient nullement l'intention de traiter d'une façon définitive. Leur vote n'impliquait pas cette clause. « Nous voulions, dit d'Autichamp dans ses *Mémoires*, gagner du temps, soit pour nous reconnaître, après les revers que nous

8

avions éprouvés quatre jours auparavant, soit pour attendre les nouvelles de la frontière du Nord, où s'était engagée une lutte qui devait être décisive pour notre cause. N'était-ce donc rien, après tant de sacrifices généreux, que de tenter d'en épargner de nouveaux, au moment où peut-être, déjà, ils devenaient sans objet (1)? »

Mais, surtout, les représentants de l'armée d'Anjou étaient loin de former la majorité de la réunion. D'Autichamp n'avait avec lui que douze officiers: MM. de Romain, de la Bretesche, de la Chevallerie, d'Escayrac, de Charbonnier de la Guesnerie, de Laistre, des Romans, Duging, de la Paumelière, de la Haye, de Maurivet et de Ghain. Tristan-Martin, Oger de Lisle et Martin-Baudinière, qui le rejoignirent dans la soirée, n'arrivèrent à la Tessoualle qu'après la clôture des débats et, par conséquent, ne prirent pas part au vote. Sur les 34 votants, le 1er corps n'avait donc disposé que de 13 voix.

Si la discussion fut houleuse au sein du conseil, le contre-coup s'en fit sentir bien violemment au dehors. Composée en très grande partie de soldats du 4e corps, hostiles à la pacification, la majorité des paysans témoigna une vive irritation contre les officiers qui en étaient notoirement partisans ; lorsque les résultats de la délibération furent connus, la manifestation faillit même prendre une tournure inquiétante.

Après le départ des autres généraux, et pendant que d'Autichamp attendait qu'on lui amenât son cheval, Duperrat vint le prévenir que la foule abusée et affolée proférait contre lui des menaces de mort. Au même instant, les officiers angevins entraient dans la salle et le suppliaient de ne pas sortir. Malgré ces avis, d'Autichamp persista

(1) *Mémoires*, 1re partie, ch. XXIII, page 12.

dans son projet de départ immédiat : « Il commençait à faire nuit, écrit-il dans ses *Mémoires* à ce sujet, je monte à cheval et mes officiers, me voyant résolu à tout braver, m'imitèrent aussitôt, en m'assurant qu'ils périraient tous avec moi, ou qu'ils me sauveraient. Ils se groupèrent autour de moi. Nous nous mîmes en marche, traversant au pas les groupes de ces malheureux, la plupart plongés dans l'ivresse. Le poil gris du cheval que je montais me faisait, malgré l'obscurité, aisément reconnaître parmi mes officiers. Ils entendirent distinctement, ainsi que moi, sur notre passage, le bruit de quelques fusils qu'on armait, et ces mots : « C'est lui qui est au milieu. Nous ne pouvons cependant pas les tuer tous (1). »

Grâce à cette escorte, d'Autichamp put sortir du village sans encombre.

Dès le lendemain, les officiers angevins qui avaient assisté au conseil de la Tessoualle écrivirent à La Rochejaquelein pour protester contre l'attitude des soldats de son corps d'armée, et quelques jours après, le chevalier de Saint-Hubert, dont le nom avait été mêlé, — bien à tort, — à ces événements, envoya la lettre suivante à son collègue de l'Anjou :

Mon Général,

Je n'ai pas été peu surpris des bruits qui ont circulé autour de moi et dans lesquels mon nom a été proféré avec les auteurs de la scène scandaleuse, autant que ridicule, passée à la Tessoualle.

Je suis jaloux de rétablir les faits, pour que vous ne me compreniez pas dans le nombre des auteurs de cet acte de démence.

(1) *Mémoires*, 1re partie, ch. XXIII, page 15.

A la Tessoualle, je me suis retiré du conseil, après avoir manifesté mon opinion de ne faire ni armistice, ni paix, mais seulement de gagner du temps. J'ai signé cette opinion que j'ai motivée.

J'étais déjà loin, lorsque cette scène ridicule s'est passée. Je vous prie de croire que je n'y ai joué aucun rôle, et, si j'avais cru en devoir jouer un, je l'eusse fait d'autre manière, et je le soutiendrais.

Le général commandant le 3e corps,
Le chevalier de SAINT-HUBERT.

Au Boitissandeau, ce 11 juillet 1815.

D'Autichamp lui répondit ainsi :

Je n'ai pas douté un seul instant, Monsieur, que vous ne fussiez entièrement étranger à la scène aussi atroce qu'indécente de la Tessoualle. Quand on a partagé, comme nous, les mêmes sentiments de dévouement pour la meilleure des causes, on doit toujours être unis. Il n'y a que des étrangers à notre parti qui puissent être capables d'une pareille horreur.

J'ai vu avec plaisir les officiers que vous m'avez envoyés et en particulier M. de Jacquiers, ami de Suzannet, et qui, à ce titre, a tous les droits possibles à mon attachement.

Pour ce qui concerne l'assemblée qui devait avoir lieu, nous avons ici quelqu'un qui vous écrit et qui en réglera une nouvelle.

Sûrement, dans toutes circonstances, il y aura des gens disposés à semer le trouble et la désunion ; mais, comme je l'ai fait jusqu'à présent, je saurai toujours, même aux dépens des droits que je pourrais avoir, faire tout ce que je croirai utile au service du Roi.

Le comte Charles d'AUTICHAMP.

Au Lavouër, ce 12 juillet 1815.

A la Tessoualle, avant de se séparer, les généraux avaient décidé de se réunir le lendemain, 25 juin, au château de la Tremblaye situé entre Cholet et Mortagne. D'Autichamp y attendit ses collègues jusqu'à midi, mais comme sa présence était nécessaire dans le centre de l'Anjou, il partit pour Neuvy, laissant à la Tremblaye le marquis de la Bretesche et l'adjudant général Tristan-Martin. La Rochejaquelein ne s'y rendit pas; Sapinaud y arriva à quatre heures du soir, apportant la nouvelle de la bataille de Waterloo.

Cet événement fit modifier les dispositions précédemment arrêtées; il était urgent, du reste, de prendre une résolution définitive, la situation s'étant singulièrement aggravée pendant les discussions de la Tessoualle. Lamarque n'avait pas été dupe de la diplomatie des généraux royalistes et la mission de Duchaffault ne lui avait pas enlevé ses doutes; aussi, tout en ordonnant à ses colonnes d'avancer, il venait d'écrire, le 24, à Sapinaud, pour lui renouveler, une dernière fois, son ultimatum.

Cette lettre et les graves nouvelles qui arrivaient de Paris décidèrent le général en chef à rappeler La Rochejaquelein à Saint-Laurent-sur-Sèvre. De là, les deux généraux envoyèrent Duperrat et de la Voyrie rejoindre Duchaffault, et, le 26, les trois officiers vendéens signèrent le traité de paix, sauf ratification du général en chef.

Ce parti était assurément le plus sage, le seul même praticable, mais d'Autichamp, alors retiré au château du Lavouër, fut très surpris de recevoir la copie d'un traité définitif, déjà accepté par ses collègues. Il avait été, en effet, convenu que toute délibération serait prise d'un commun accord et, jusqu'à cette heure, il n'avait pas été question d'un traité définitif.

Ignorant ce qui avait été conclu avec les autres corps

d'armée, remarquant, en outre, dans cette copie, des articles qui ne figuraient pas dans le premier projet, il refusa d'acquiescer à ces propositions et répondit à Lamarque par la lettre suivante :

Monsieur le Général,

Je lis avec étonnement, dans le traité que vous me transmettez, des articles additionnels qui n'étaient pas dans celui que vous m'avez transmis de Clisson. L'article III, portant que vous prendrez avec moi des mesures pour procéder au désarmement, est une violation manisfeste et dérogeant à l'article XI du traité proposé par les Ministres de la guerre et de la police que vous nous avez adressé de Clisson.

Votre marche à travers notre pays, depuis l'arrivée de Monsieur Duchaffault, ne peut être considérée par nous que comme une suite d'hostilités,d'après votre assurance formelle d'arrêter la marche de vos colonnes, aussitôt l'acceptation des bases du traité proposé.

Cette marche inattendue a rendu les communications extrêmement difficiles entre les différents chefs royalistes, et je vous renouvelle ici ma profession de foi de ne *jamais traiter séparément.*

C'est donc vous seul, Monsieur le Général, qui serez responsable du sang français qui serait désormais répandu dans la Vendée.

Le comte Charles d'Autichamp.

Le 28, cependant, Lamarque l'informa que le général en chef et les autres généraux vendéens avaient définitivement adhéré au traité de paix. D'Autichamp fut encore plus surpris que la première fois d'apprendre cette nouvelle par le général ennemi ; mais comme, à ce moment, la situation ne lui permettait ni de refuser ni de tergiverser, le même jour, du château de la Bellière, près Montrevault, il répondit à Lamarque en ces termes :

MONSIEUR LE GÉNÉRAL,

S'il est vrai que Monsieur de Sapinaud, général en chef des armées vendéennes, vous ait envoyé la ratification du traité de paix, proposé avant l'abdication de Bonaparte, ce dont je n'ai reçu aucun avis de sa part, je regarde ce qu'il a fait comme devant être commun à mon pays, pour sa propre sûreté.

Je viens de donner des ordres pour dissoudre mes rassemblements, comme une preuve de la confiance que j'avais dans vos sentiments.

Ces raisons doivent vous suffire, pour ne rien entreprendre d'hostile, vis-à-vis de nos habitants qui rentrent chez eux pour s'y livrer à leurs travaux ordinaires.

Voilà une garantie suffisante, et la seule que vous puissiez exiger. Elle coûte à mes principes et à mes opinions, mais j'aime mon pays et je cède pour lui, et non pour moi, à la force des circonstances en acceptant les conditions que l'honneur peut avouer, sans déroger à mes obligations particulières, comme ayant été investi par le Roi du commandement du département de Maine-et-Loire, avant le retour de Bonaparte.

Je déclare donc formellement renoncer à tous les articles du traité, dont les dispositions peuvent m'être favorables.

Je me félicite, dans cette circonstance, de pouvoir concourir avec vous, au résultat heureux d'empêcher l'effusion du sang dans nos malheureuses contrées.

Le comte Charles d'AUTICHAMP.

Quelques instants après le départ de cette lettre, il reçut la notification officielle de la signature du traité de paix.

Nous vous avertissons, Monsieur le Général, que nous avons traité de la pacification. Nous ne savions où vous prendre et nous n'avons pu vous faire avertir. Nous pensons, cependant, que vous joindrez votre signature aux nôtres, pour votre corps d'armée.

DUCHAFFAULT, — DUPERRAT, — de la VOYRIE.

D'Autichamp avait déjà envoyé son acceptation et, de ce jour, la paix fut définitivement conclue dans toute la Vendée.

Ainsi se termina la campagne de 1815. Si elle ne produisit aucun résultat sérieux et fut même à peu près nulle, au point de vue militaire, elle donna, du moins, un nouveau et éclatant témoignage de l'inaltérable dévouement de la Vendée, toujours prête à verser son sang pour le soutien et la défense du principe monarchique.

TROISIÈME PARTIE

1832

CHAPITRE PREMIER

Les *Mémoires* du général d'Autichamp n'ayant trait qu'aux guerres de la Vendée, leur auteur passe sans transition de 1815 à 1832 et se tait sur les différentes situations militaires qu'il occupa pendant cette période de 17 ans.

Suivant son exemple, puisque l'histoire vendéenne est également notre seul but, nous ne parlerons ni de ses commandements de Tours et de Bordeaux, ni du rôle, très actif et très brillant, qu'il joua dans l'expédition d'Espagne.

Après cette guerre, d'Autichamp revint à Bordeaux et y reprit son commandement.

En juillet 1830, il était à Angers, appelé par les opérations du collège électoral, lorsqu'il apprit la terrible et funeste commotion produite à Paris par la promulgation des *Ordonnances*. Son premier mouvement fut d'aller offrir au Roi le secours de son épée et il arriva à Saint-Cloud au moment où la Cour s'apprêtait à en partir. A Rambouillet, il obtint une audience : « Je m'attendais à vous voir, lui dit Charles X en le recevant, vous venez sans doute me parler de la Vendée? — Sire, répondit d'Autichamp, Votre Majesté a deviné ma pensée. Que le Roi, suivi de sa Garde, se mette de suite en marche pour se rendre dans nos contrées, et j'ose croire qu'au bruit du tocsin nos braves paysans, électrisés par sa présence et celle de son Auguste Famille, se lèveront encore pour la défendre. Toutes les chances sont, en ce moment, en votre faveur. »

Et comme il exposait les raisons qui nécessitaient une résolution immédiate, le Roi l'interrompit par ces mots : « Croyez-vous que je puisse aller ailleurs que dans ma fidèle Vendée ? Il me faut quelques heures pour prendre mes dispositions... Revenez ce soir, je vous donnerai mes ordres. »

Chez le Dauphin, le comte d'Autichamp trouva les mêmes sentiments : « Dans toutes circonstances, lui dit le Prince, je serai le premier à exécuter les volontés du Roi, mais dans celle-ci, elles sont trop conformes à mes propres désirs pour que je ne vous dise pas combien je serai heureux de combattre au premier rang des fidèles serviteurs de la Royauté. »

La duchesse de Berry parut surtout s'enthousiasmer de ces projets et se réjouir de ce qui paraissait déjà une décision. Elle parla longuement des provinces de l'Ouest et, en rappelant à d'Autichamp les impressions de son voyage de 1828, elle lui témoigna toute l'espérance qu'elle avait de succès prompts et décisifs.

La duchesse d'Angoulême, les officiers de la Garde, tous les amis fidèles et fervents qui se trouvaient alors à Rambouillet manifestèrent la même satisfaction et la même confiance. La Vendée était devenue un cri de ralliement !

Dans la soirée, pourtant, tous ces projets furent abandonnés, toutes ces illusions s'envolèrent. Pas plus que le comte d'Artois, Charles X ne devait fouler le sol vendéen et, pour la seconde fois, c'était à l'Angleterre qu'il allait confier sa personne. D'Autichamp ne fut même pas reçu par le Roi, et le général de Trogoff, voyant son anxiété et son chagrin, ne put s'empêcher de lui dire, en lui serrant la main : « Vous avez raison d'être triste, mon cher Général, tout est changé ! Il n'y a plus de Vendée pour nous ! »

La déception était cruelle, en effet. Alors plus que jamais d'Autichamp avait foi en sa Vendée et croyait au succès d'un appel aux armes. Il lui était pénible de voir la Monarchie repousser de nouveau les chances de salut qui lui étaient offertes : « Une lutte décisive venait de s'engager entre la Légitimité et la Révolution et il eût été facile de prolonger cette lutte. Charles X était entouré d'une garde nombreuse, dans laquelle, avec une résolution prompte, il aurait compté encore des dévouements sincères. Son arrivée dans la Vendée y aurait produit infailliblement une grande sensation, particulièrement sur l'esprit des paysans, qui, ne pouvant prévoir où s'arrêterait cette nouvelle convulsion politique, auraient trouvé dans la présence de leur Souverain au milieu d'eux une garantie précieuse contre le retour d'une seconde et sanglante République. La Famille Royale, obligée de quitter la capitale du Royaume, et venant chercher un refuge, un appui, au milieu de ces campagnes belliqueuses, n'aurait-elle pas remué tous les cœurs, excité une ardeur chevaleresque parmi ces hommes fiers, religieux et braves (1) ? »

Malheureusement, au lieu de chercher à s'abriter contre la tempête, Charles X céda à sa fureur et, sans même esquisser de résistance, prit, pour la troisième fois, la route de l'exil !

(1) *Mémoires*, IIe partie, ch. I, page 10.

Bien entendu, d'Autichamp refusa de reconnaître le nouvel ordre de choses ; il renonça à la Pairie, abandonna les prérogatives de son grade et alla cacher sa tristesse au château de la Rochefaton.

On savait, en France, que la duchesse de Berry, se considérant comme régente, par suite de l'abdication du Roi et du Dauphin, caressait l'espoir de rendre à son fils, par la voie des armes, le trône que son aïeul venait d'abandonner. La plupart des Royalistes étant animés des mêmes sentiments, il se constitua un grand nombre de comités dont la Princesse devint l'âme et qui entrèrent en correspondance suivie avec elle. C'était naturellement sur la Vendée que se basaient tous les projets et que reposaient toutes les espérances.

Mais la situation avait bien changé en quelques jours !

Lorsque d'Autichamp avait conseillé un appel aux armes, il avait compté sur l'enthousiasme que produirait la présence du Roi au milieu des populations vendéennes. En arrivant dans l'Ouest, Charles X aurait trouvé le pays prêt à le défendre, mais aujourd'hui que la Personne Royale n'était plus en jeu, qu'il ne s'agissait plus que du principe monarchique, l'élan des premiers jours avait disparu ; il fallait le provoquer de nouveau, jeter les bases d'une insurrection, l'organiser et la faire éclater.

Au lieu de frapper un coup brusque et hardi, on avait donné aux paysans le temps de la réflexion : ils en profitèrent pour peser le pour et le contre du sacrifice qu'on leur demandait, et, surtout, pour supputer les chances de succès que pouvait avoir la lutte.

D'Autichamp connaissait trop bien le pays pour ne pas comprendre cette nouvelle situation. Il avait la conviction « que les Vendéens, toujours aussi fidèles, aussi dévoués, appelant de tous leurs vœux le retour des Princes, objet de leurs regrets et de leur affection, verseraient encore leur sang et consentiraient à de nouveaux sacrifices pour le soutien d'une si noble cause, si des circonstances favorables venaient offrir des chances probables de réussite ; mais ils ne possédaient que de faibles ressources en armes et en munitions ; ils redoutaient surtout de se trouver seuls engagés dans une lutte dont l'expérience leur avait montré l'inégalité. Au nombre des circonstances qui eussent pu déterminer l'insurrection générale et spontanée du pays, ils comptaient une démonstration hostile de la part des puissances de l'Europe, démonstration que laissait entrevoir alors, dans un avenir plus ou moins rapproché, la répugnance non équivoque avec laquelle le nouveau Gouvernement avait été accueilli par ces mêmes puissances (1).

Cette opinion s'étant confirmée par des renseignements reçus de divers côtés, d'Autichamp crut devoir la soumettre aux membres du Comité royaliste, et c'est dans ce but qu'il se rendit à Paris vers les derniers jours d'avril 1831. Après avoir dépeint la situation sous son aspect réel, il termina en certifiant au Comité « qu'une précipitation irréfléchie serait la ruine des espérances et qu'il fallait que la population, arbitre de ses forces et de la portée de son dévouement, suivît ses propres inspirations sur le moment le plus opportun d'arborer hautement son drapeau (2) ».

Ces renseignements donnés, d'Autichamp quitta Paris et revint dans l'Ouest, où il s'empressa de réorganiser l'armée d'Anjou, afin de ne pas être surpris par les événements.

A cette époque, sans qu'aucun ordre officiel eût été donné, mais en prévision d'une insurrection possible, la Vendée se trouvait divisée en trois arrondissements militaires. Le

(1) *Mémoires*, IIe partie, ch. II, page 3.
(2) *Mémoires*, IIe partie, ch. II, page 4.

premier, sous le commandement du comte d'Autichamp, était formé de l'Anjou (rive gauche de la Loire) et de la division de Montaigu, détachée de l'ancienne *armée du Centre*. Le reste de cet arrondissement territorial et le Haut Poitou composaient le deuxième corps, destiné à être placé sous les ordres du comte Auguste de La Rochejaquelein. Le troisième corps, commandé par le baron Athanase de Charette, comprenait tout le Bas Poitou.

D'Autichamp conserva les sept divisions de 1815. MM. Lhuillier, François Soyer, le marquis de la Bretesche, du Doré, de la Vincendière furent maintenus dans leurs anciens commandements de Beaupréau, Cholet, Montfaucon, du Fief-Sauvin et du Loroux; M. de Caqueray, — provisoirement M. de la Béraudière, — remplaça Cady à Chemillé et le comte de Bouillé, Oger de Lisle à Champtoceau. Enfin, le prince de Broglie fut investi des fonctions de chef d'état-major du 1er corps d'armée.

Le bruit s'était déjà répandu que le maréchal de Bourmont serait chargé par la duchesse de Berry de diriger les opérations militaires dans toutes les provinces de l'Ouest. Effectivement, dès le mois de mai 1831, le maréchal entrait en correspondance avec les généraux et, le 30 juin, d'Auchamp reçut de lui, par l'entremise de M. de Charbonnier de la Guesnerie, une lettre datée du 23 mai et contenant différents détails relatifs à l'organisation du premier corps.

M. de Bourmont témoignait le désir que M. Lhuillier fût nommé commandant en second de l'armée d'Anjou et que M. Cathelineau, un des fils de l'ancien généralissime, reçût la direction très importante des divisions de Chemillé et de Beaupréau.

Ces dispositions étaient, de tous points, irréalisables. En premier lieu, il pouvait être dangereux de remanier une organisation qui venait d'être faite. En outre, quoique

Cathelineau portât un nom illustre entre tous, le désir de lui donner un tel commandement ne pouvait être une raison suffisante pour en déposséder MM. de Caqueray et Lhuillier, qui exerçaient, dans ces deux postes, une influence personnelle prépondérante.

« Or, quand on prévoit ou que l'on prépare une insurrection, il est indispensable de ménager les chefs dans lesquels les paysans vendéens ont placé leur confiance. Ils ne l'accorderaient pas aisément à des chefs qu'on leur imposerait. Par la nomination de ceux-ci, on froisse l'amour-propre de ceux-là ; on manque aux égards que les anciens méritent ; on trahit la reconnaissance qui leur est due. Alors, la division entière se ressent du passe-droit qu'on s'est imprudemment permis. La nomination du nouveau chef excite des mécontentements, soulève des discussions irritantes. La défaveur s'attache à sa personne. Les paysans se rebutent, et, de cette froideur de sentiment à une inaction complète, la transition est prompte (1). »

Dans cette même lettre du 23 mai, le comte de Bourmont donnait le conseil de « laisser M. Lhuillier dans le pays, pour y commander les masses, après qu'on en aurait distrait les jeunes gens et les anciens militaires pour en former des corps réguliers. »

Une pareille organisation des troupes était, au premier chef, antipathique aux mœurs vendéennes. Déjà, en 1815, on en avait reconnu l'impossibilité. Comme alors, on se serait heurté à des habitudes invétérées et on aurait enlevé aux rassemblements leur caractère particulier d'élan spontané qui en faisait toute la force.

Dans sa lettre, le maréchal de Bourmont parlait encore de l'emploi de fonds, recueillis à Angers et destinés à en-

(1) *Mémoires*, IIe partie, ch. II, page 14.

tretenir les réfractaires, à se procurer des fusils et de la poudre, à pratiquer des intelligences dans les corps de troupes et dans les places. Le 2 juillet suivant, d'Autichamp reçut l'avis qu'une somme de 42.000 francs était mise à sa disposition; il n'en toucha cependant, — successivement et par petites fractions, — que 39.000, dont l'emploi fut réglé selon ces prescriptions.

Après avoir passé l'hiver à Édimbourg, la duchesse de Berry s'était rendue à Bath, dès les premiers jours du printemps de 1831, dans le double but de se rapprocher de la France et de s'éloigner d'Holyrood, où ses projets belliqueux rencontraient la plus vive opposition.

Ce fut à Bath que la Princesse arrêta définitivement les bases de la prise d'armes. Cette petite ville était devenue un véritable lieu de pèlerinage royaliste et *Madame* avait dû céder aux pressantes instances de ses nombreux amis, qui, s'appuyant sur la situation critique de la France, — à l'intérieur comme à l'extérieur, — n'avaient cessé de réclamer une action immédiate.

Les émeutes provoquées par le procès des Ministres de Charles X. les scènes scandaleuses qui s'étaient passées à Saint-Germain-l'Auxerrois, le sac de l'Archevêché, la misère du peuple, la crise financière et commerciale, la faiblesse du Gouvernement en face de l'émeute, tout semblait indiquer que les jours de la Monarchie de Juillet étaient comptés.

A l'extérieur, les puissances étrangères ne montraient qu'un empressement problématique à soutenir un pouvoir reposant sur des bases si fragiles et que son origine même solidarisait difficilement avec la Royauté, en général, et avec les trônes européens, en particulier. Le vent de révolution et d'émeute qui soufflait de France ne leur inspirait que défiance, et elles paraissaient prêtes à se coaliser pour résister à son progrès.

Charles X, enfin, cédant au courant qui poussait à l'action, venait de régulariser son acte d'abdication et de conférer, officiellement, la régence du Royaume à la duchesse de Berry.

Tous les préparatifs de l'insurrection avaient donc été faits à Bath et le 17 juin *Madame* s'était mise en route pour l'Italie, afin de se rapprocher du Midi dont le mouvement devait précéder celui des provinces de l'Ouest.

Le 7 juillet, elle arriva à Gênes et, le 9, à Sestri ; mais le Roi de Sardaigne lui ayant interdit le séjour de ses États, sur la demande du Gouvernement Français, le 27, elle vint se fixer à Massa, d'où furent expédiées les premières instructions pour le soulèvement. A cette époque, on pouvait croire que la prise d'armes serait imminente et il était impossible de prévoir les difficultés qui allaient, pourtant, la faire ajourner tant de fois.

Le 10 août, le général d'Autichamp reçut le billet suivant, daté du 26 juillet :

Monsieur le comte d'Autichamp prendra le commandement en chef sur la rive gauche de la Loire. En cas d'absence, il sera remplacé dans ce commandement par M. le comte de La Rochejaquelein.

Bourmont.

D'Autichamp se mit aussitôt en relation avec les commandants des 2e et 3e corps, le baron de Charette, arrivé depuis peu en Vendée, et M. Allard, qui remplaçait le comte de La Rochejaquelein, encore éloigné de France (1). Il leur ré-

(1) Le comte Auguste de La Roquejaquelein ne prit aucune part au mouvement de 1832. Son neveu, Louis de La Rochejaquelein, fils de l'ancien général en chef de 1815, vint de Hollande en Italie pour offrir ses services à la duchesse de Berry : arrivé à Massa le lendemain du départ de la Prin-

clama des rapports détaillés sur leur situation respective, sur leurs forces disponibles et sur leurs ressources en armes et en munitions : il pressa même l'envoi de ces renseignements, à la suite d'un avis officieux du Comité de Paris, lui enjoignant d'avoir à se tenir prêt pour le 20 septembre.

Le 25, pourtant, il attendait encore un ordre définitif, lorsque le comte de Floirac lui transmit la lettre suivante, renfermant diverses instructions de la duchesse de Berry:

20 septembre 1831.

Je suis chargé par 2 (Madame) de vous prévenir que son arrivée en 10 (France) sera retardée de dix ou douze jours, et qu'ainsi vous aurez à faire avertir de ce retard tous ceux auxquels vous avez pu faire dire d'être prêts pour le 20 septembre. Faites-leur savoir qu'ils doivent attendre un ordre que vous leur transmettrez; mais vous pouvez les prévenir d'avance que ce sera irrévocablement pour les premiers jours d'octobre et qu'ils se préparent pour être en mesure à cette époque. J'ajoute, Monsieur, qu'il est nécessaire que vous fassiez prévenir les 96 (officiers) de votre 85 d' 68 (corps d'armée) qu'ils ont aujourd'hui pour 87 (chef) Monsieur 36 (Cathelineau) et que vous veuillez bien vous entendre avec cet 96 (officier) pour cet objet.

50 (?) m'a communiqué vos réflexions sur cette nomination. On a cru faire une chose agréable au 24 (pays) et prouver que 2 (Madame) est sensible aux généreux souvenirs et reconnaissante

cesse, il se dirigea immédiatement sur la Vendée et y arriva vers le 15 mai. Se rendant pendant la nuit chez le garde du bois Rocard, près Boismé, il tomba dans une embuscade tendue par la troupe pour surprendre les réfractaires de la contrée. Louis de La Rochejaquelein fut blessé à la cuisse d'un coup de baïonnette et son guide, un domestique de ferme, nommé Racaud, reçut une balle qui le frappa mortellement. Vers le milieu de novembre, La Rochejaquelein quitta la Vendée et partit pour le Portugal, où il fut tué, le 5 septembre de l'année suivante, devant les murs de Lisbonne.

(Notes et documents inédits communiqués par M. le comte Louis de la Rochebrochard, à la Société de Statistique des Deux-Sèvres, séance du 5 février 1890.)

des services rendus. Changer cette nomination me paraît impossible. Votre prudence, la considération dont vous jouissez, applaniront les difficultés et vous saurez lui donner un second qui supplée aux qualités qui peuvent lui manquer.

Le même jour, d'Autichamp reçut également communication de cette autre lettre, écrite par le fils du maréchal de Bourmont, au nom de son père :

Madame doit faire son entrée à Toulouse le 2 octobre. Si le mouvement réussit, alors elle s'avancera vers l'Ouest, en se dirigeant sur Bordeaux, accompagnée de Messieurs Adam (de Kergorlay) et de Latour-Maubourg. Le Maréchal tâchera de la précéder, mais il n'ose s'éloigner d'elle. Seulement, dans le cas où le mouvement, qui se ferait alors dans le Midi le 3 ou 4, réussirait, des courriers partiraient alors par différentes directions, afin d'apporter la nouvelle dans l'Ouest. Deux arriveront à Nantes, adressés à la personne que j'ai vue avant-hier. Il faudra que vous ayez quelqu'un à Angers le 4. La personne que Monsieur Hébert aura envoyée à Nantes reviendra alors de suite et communiquera à votre envoyé l'ordre de *Madame* de commencer le mouvement. On aura eu soin de briser, de prime d'abord, la ligne télégraphique, afin de gagner ainsi douze heures au moins sur le Gouvernement.

Deux proclamations de *Madame* paraîtront alors ; l'une adressée aux habitants; l'autre à l'armée. Messieurs les généraux et chefs de division devront surtout s'attacher à faire ressortir les souffrances de ce Gouvernement, la nécessité de secouer le joug de Paris, et parler même du rétablissement des provinces.

Le Maréchal recommande l'activité la plus étendue, de préparer les hommes, de faire faire beaucoup de farine, d'intercepter au premier signal toutes les caisses et courriers du Gouvernement.

Le Roi de Sardaigne a écrit lui-même deux lettres à *Madame* pour la prévenir que le cabinet de Vienne s'opposait à tout mouvement, avant les premiers jours d'octobre, à cause de la chaleur et du choléra.

On espère que la Prusse voudra nous porter aide ; mais les

puissances ont conseillé à *Madame* de commencer le mouvement, afin d'ôter à ses projets le cachet d'une dernière invasion étrangère. Les Hollandais reprennent les hostilités le 10.

Madame recommande surtout de n'agir que dans le cas d'un triomphe certain dans le Midi, ce qu'annonceraient les courriers, afin que l'Ouest ne porte pas, à lui seul, tout le poids de la contre-révolution...

Ce dernier ordre lui paraissant irrévocable, d'Autichamp quitta la Rochefaton et se rendit en Anjou, afin d'être plus à même de recevoir les instructions annoncées. Pendant ce voyage on lui remit le billet suivant, daté de Paris, le 26 septembre :

« 150 (M. de Floirac), président du Comité royaliste, a dit qu'il ne fallait pas encore prendre à la lettre *l'irrévocablement* pour l'époque du 78 (soulèvement). »

Deux jours après, le comte de Floirac lui envoya une dépêche, datée du 25 septembre, qui annonçait officiellement la remise de la prise d'armes :

« Un retard dans nos entreprises vient d'être arrêté. Prévenez tous nos associés. Ce retard est pour nous d'une grande utilité et j'ai l'assurance qu'il nous procurera de bien grands avantages. Nous pourrons, j'espère, sous peu, vous faire connaître les motifs de la remise et l'époque qui sera fixée pour un nouveau départ. »

Cette notification étant officielle, d'Autichamp s'empressa d'envoyer de nouvelles instructions aux généraux placés sous ses ordres, et comme sa présence en Anjou devenait inutile pour le moment, il retourna au château de la Rochefaton.

CHAPITRE II

Ces différentes remises étaient évidemment commandées par d'impérieuses nécessités : elles n'en étaient pas moins fort préjudiciables au succès de l'insurrection.

Le général d'Autichamp connaissait trop le caractère et les habitudes des populations de l'Ouest pour ne pas remarquer à quel point ces revirements et ces contre-ordres altéraient profondément la situation. Il la trouva même si aventurée qu'il ne crut pas devoir laisser les Royalistes s'engager dans cette voie dangereuse et qu'il se rendit à Paris afin d'exposer de nouveau ses craintes et ses inquiétudes.

Ce qui le frappait le plus, c'était la profonde erreur dans laquelle se trouvaient les conseillers de *Madame* relativement à l'armée vendéenne, en la considérant comme une troupe régulière, aveuglément soumise aux volontés du général chargé de la commander.

« Ces avis successifs de se tenir prêts pour telle ou telle époque étaient la preuve que l'on considérait les paysans vendéens comme des troupes de ligne que l'on peut faire mouvoir à toute heure. Ce n'était pas ainsi qu'on devait s'y prendre dans la Vendée et pour y produire une insurrection, abstraction faite de tous les obstacles qui les entouraient, il fallait non seulement consulter les vœux des habitants, mais encore en attendre la manifestation. Or, tous les chefs de division s'accordaient à dire que, sans l'appui d'une diversion étrangère, l'entreprise proposée n'aurait aucun résultat favorable (1). »

Telle fut l'opinion que le comte d'Autichamp chercha à faire prévaloir pendant son séjour à Paris. Plusieurs membres du Comité royaliste se rangèrent à son avis, mais comme les nouvelles reçues de Massa indiquaient, au contraire, un courant opposé, dès les premiers jours de décembre, il revint en Poitou, pour être plus à portée de recevoir les nouveaux ordres qui ne pouvaient manquer de lui être transmis.

Vers le milieu du mois, un officier de l'état-major du maréchal de Bourmont lui fit parvenir le billet suivant, daté de Gênes le 30 novembre :

« J'aime à croire que je ne tarderai pas à vous rejoindre après notre arrivée en France qui, désormais, ne peut être éloignée. Le mouvement de Lyon nous engage à la hâter le plus possible et si *Madame* n'avait pas voulu faire le 159 (voyage) de Naples, où elle est encore, nous serions partis depuis le 24. »

Cet avis ne reposait pourtant sur aucune donnée sérieuse. Il prouvait simplement à quel diapason étaient montées l'ardeur et l'exaltation des Royalistes, composant alors la petite cour de Massa. « Il y a des gens toujours si pressés, écrit à ce sujet le comte de Mesnard dans ses *Souvenirs intimes*, qu'ils encombrent tous les chemins en voulant trop vite se mettre en route. C'est à qui adressera à *Madame* de vives et pressantes exhortations. A les entendre, on ne peut trop hâter le jour d'une expédition dont le succès est infaillible... »

(1) *Mémoires*, IIe partie, ch. III, page 21.

La surexcitation de ces Royalistes, plus enthousiastes que politiques clairvoyants, était même si grande que lorsque la duchesse de Berry manifesta l'intention de se rendre à Naples pour y voir son frère, Ferdinand II, ils la supplièrent de renoncer à ce voyage, qui allait retarder l'expédition de France. Malgré ces instances, la Princesse se rendit pourtant, le 31 octobre, à Rome, et, le 13 novembre, à Naples, où elle séjourna jusqu'au 4 décembre.

D'Autichamp profita de ce moment d'inaction pour adresser au maréchal de Bourmont un rapport détaillé, dans lequel il lui rendit compte de tout ce qui s'était passé en Vendée depuis la fin de juillet.

Dans ce rapport, daté du 10 décembre, il s'étendit assez longuement sur les difficultés qu'allait faire surgir la nomination de Cathelineau au commandement du 1er corps. Les paysans ne suivant que les chefs pourvus de leur entière confiance et qu'ils ont, en quelque sorte, choisis et adoptés, il était à craindre qu'il ne se produisît un certain mécontentement parmi les populations de l'Anjou, à l'égard de ce chef qui leur était imposé d'office. De cette nomination pouvaient, en outre, naître des divisions et des rivalités entre certains officiers qui, en raison de leurs services antérieurs, devaient se croire des droits à ce poste important. Enfin, tout en rendant pleine justice au dévouement et aux qualités privées de cet officier, d'Autichamp le jugeait insuffisamment pourvu de capacités militaires assez grandes pour commander un corps d'armée; il ne pensait pas, non plus, que la nomination de M. de Caqueray, comme commandant en second, pût suppléer à ces graves inconvénients. Il n'était pas prouvé, du reste, que ce dernier, dont les droits au commandement en chef étaient incontestables, acceptât ce poste secondaire.

D'Autichamp termina son rapport par cette juste réclamation... « Quant à ma position personnelle, comme commandant en chef de la rive gauche de la Loire, elle n'est pas tenable, si des modifications ne sont pas apportées à la marche suivie jusqu'à ce jour. Par exemple, si, loin d'être consulté sur des nominations de chefs de paroisses, de subdivisions, de divisions même, je ne les connais que longtemps après qu'elles ont été faites; si vos ordres, avant de me parvenir, sont lus, publiés, commentés et parfois même altérés. Cet état de choses ne saurait subsister, car il serait impossible d'accepter la responsabilité d'événements dont on n'a pas la direction. Je dois donc prier Votre Excellence d'apporter remède à ces graves inconvénients qui suffisent pour nous empêcher d'atteindre le but que nous nous proposons. »

En même temps, d'Autichamp entrait en relation avec les généraux vendéens placés sous ses ordres. Le 15 décembre, il écrivit au baron Athanase de Charette :

Puisque les circonstances nous en donnent le temps, il est nécessaire que vous m'adressiez un rapport plus détaillé sur votre organisation, l'état des ressources, tant en armes qu'en munitions, ce que vous croyez pouvoir réunir de jeunes gens bons à encadrer, enfin votre situation présente. Je n'ai pas encore pu voir un rapport sur la partie de Bressuire et celle de l'armée du Centre qui y a été réunie.

J'approuve tout à fait que vous ayez formé un conseil de nos anciens Vendéens. C'est ainsi que j'ai toujours pensé que devraient agir ceux qui parlent d'organisation. Dans ce pays où l'on ne marche que par dévouement, c'est la confiance qui fait tout.

Jusqu'au 10 janvier 1832, d'Autichamp resta sans nouvelles, — au moins de source officielle, — mais ce jour-là il reçut deux lettres portant, l'une et l'autre, la date du

14 décembre : la première était de la duchesse de Berry, la seconde du maréchal de Bourmont :

L'hommage rendu à Cathelineau en la personne de son fils, écrivait *Madame*, a eu le meilleur résultat, mon cher Joseph (d'Autichamp). Il a dû prouver que personne ne reconnaissait mieux que moi les bons et anciens services. A ce titre, et à bien d'autres, je vous ai donné le commandement en chef de l'armée de la rive gauche de la Loire. C'est vous dire assez que je compte sur votre zèle et votre activité complète. Employez tous vos moyens pour obtenir la plus grande harmonie parmi les chefs que vous avez sous vos ordres. Répétez-leur sans cesse que mon plus vif désir a toujours été, dès que j'en aurai la possibilité, de me trouver au milieu d'eux. Et aux cris, si chers à nos bons Vendéens, Vive Dieu! Vive le Roi! nous rétablirons et la Religion de Saint Louis et le Trône d'Henri V.

MARIE-CAROLINE.

14 décembre 1831.

P. S. — Je vous avoue que je n'étais pas sans inquiétude de vous savoir si loin de ceux sur qui vous avez tant d'influence, mais ce que m'ont dit MM. de Kersabiec et Moricet m'a complètement rassurée

Dans sa lettre, le maréchal de Bourmont lui mandait que, pour le moment, il fallait s'abstenir de toute action : le signal du soulèvement devant être subordonné au succès de l'insurrection dans le Midi, ou à la proclamation de la République à Paris.

D'Autichamp était ainsi prévenu, pour la première fois, des circonstances qui devaient entraîner la prise d'armes dans la Vendée ; il les connaissait, il est vrai, depuis quelque temps, mais aucune notification officielle ne lui en avait encore été faite.

A un conseil de guerre, tenu à la Fételliêre, le 23 sepembre précédent, le baron de Charette avait déjà communiqué aux officiers du Bas Poitou ces deux conditions, auxquelles avait été ajouté le cas d'une invasion étrangère.

Malheureusement, cet ordre venu de Massa avait le grand inconvénient de manquer de précision. Le moment définitif, auquel devait se tirer le premier coup de feu, n'y était pas déterminé d'une manière assez explicite ; on laisait trop à l'arbitraire des généraux la faculté de trancher par eux-mêmes la question de l'appel aux armes et d'en apprécier l'instant le plus opportun. On sait combien cette restriction devint funeste et à quelles regrettables divisions elle donna lieu, les officiers ayant cru pouvoir interpréter diversement une instruction de forme si indécise, qu'ils regardèrent comme un pacte, plutôt que comme un ordre.

Cependant, comme ces dispositions avaient produit le meilleur effet dans les campagnes de la Vendée, d'Autichamp s'empressa de répandre en Anjou les nouvelles contenues dans les deux lettres qu'il venait de recevoir. Lorsque les paysans eurent l'espérance de voir la duchesse de Berry parmi eux et la certitude de n'être pas seuls engagés dans la lutte, il se produisit un notable changement dans les esprits ; les doutes et les incertitudes se dissipèrent.

Par malheur, les mouvements occasionnés par l'organisation des différents corps d'armée, les voyages, les allées et venues, les réunions qui eurent lieu, donnèrent un nouvel éveil aux susceptibilités inquiètes des autorités. Le Gouvernement redoubla alors de sévérité, particulièrement envers les bandes de réfractaires, le sang coula à maintes reprises et « ces luttes inutiles élevèrent, entre les troupes et la Vendée, une barrière d'exaspération, de haine et de vengeance mutuelles qui ne pouvaient qu'être nuisibles au plan adopté pour la réussite de l'insurrection ».

Les mois de février et de mars s'écoulèrent, cependant, sans événements bien notables. Vers la fin de mars, le général d'Autichamp adressa à la duchesse de Berry un long rapport sur la situation des trois corps d'armée placés sous ses ordres :

28 mars 1832.

Mes relations avec les généraux sont aussi suivies qu'elles peuvent l'être dans un pays rempli d'espions et couvert de troupes. Je voudrais pouvoir en dire autant des rapports que je demande aux chefs de corps, mais ce n'est qu'avec grande peine que je parviens à en obtenir quelques-uns, et encore sont-ils loin de répondre à ce qu'il faudrait qu'ils fussent, pour me mettre à même de connaître et de faire connaître à *Madame* la composition et la situation respective des trois corps d'armée dont elle m'a donné le commandement en chef.

Madame va pouvoir en juger.

Je commence par le *premier*, celui d'Anjou.

D'après une lettre de M. Cathelineau et un calcul approximatif, le nombre d'hommes s'élève de 6 à 7.000. Quant aux armes et aux munitions, on ne peut en parler que par aperçu. Tout ce qui en existait est caché par suite de l'occupation militaire et des visites domiciliaires.

Suivant la déclaration des chefs de division, leurs ressources peuvent être ainsi appréciées :

Champtoceau	1.000 cartouches
Chemillé	8.000
Beaupréau	1.800
Cholet	1.800
Le Fief-Sauvin	1.300
Montfaucon	1.800

M. Cathelineau est parvenu en outre à se procurer 1.000 livres de poudre, mais, sur ces 1.000 livres, 600 seulement sont parvenues à leur destination. Cathelineau craint que les 400 autres ne puissent pas y arriver. Ce corps est fourni de pierres et de plomb, au delà de ses besoins. 500 fusils à peu près sont sortis du pays par suite de la vente, et il y en a peut-être autant de rendus à l'autorité. C'est un nombre approximatif de 1.200 à déduire, sur ce qui subsistait en 1815, y compris ceux provenant d'Angleterre.

Parmi ceux qui sont conservés, il s'en trouvera une certaine quantité qui aura besoin de fortes réparations.

J'arrive au *deuxième corps*. C'est celui dont l'état est le moins prospère. Cette situation est due à deux causes principales : la première vient du parti qui a été pris, malgré mes observations, de refondre l'*armée du Centre*, sans consulter les localités ; la portion dévolue à M. de La Rochejaquelein, réunie au commandement qu'il avait auparavant, formant une ligne trop étendue pour se lier...

Je n'ai pu obtenir aucun rapport de ce corps, si j'en excepte quelques notes qui m'ont été données par M. Allard, dans les premiers jours de janvier. Voici ces notes que je crois très exactes :

« L'esprit des arrondissements de Parthenay et Bressuire et de la partie du Bocage est excellent et les dispositions parfaites. L'occupation du pays par les troupes les vexe et les tourmente. Ils secoueraient le joug s'ils en avaient les moyens ; mais l'ennemi couche, en quelque sorte, sur leurs armes et leurs munitions. Les postes sont très rapprochés dans ces arrondissements, parce que les réfractaires y ont paru plus souvent qu'ailleurs et que Diot leur a donné plus de tablature.

« C'est par approximation que je parlerai du nombre des fusils et des munitions ; cependant, je crois que le pays dont je parle, et que je connais le mieux, pourrait fournir 2.000 fusils au moins, tant de chasse que de calibre, mais il doit y en avoir en mauvais état, ayant été cachés dans la terre. Il est difficile de connaître la quantité de poudre et de cartouches qui existe et que chaque particulier peut avoir : cependant, si celle qui a été achetée et cachée en différents endroits n'est pas gâtée, il peut en exister de 1.000 à 1.500 kilog.

« Le pays se lèverait en masse s'il y avait des succès, mais il ne faut pas croire que le mouvement commence dans le pays ; il est trop comprimé ; il ne peut se lever, tant qu'il sera occupé par une force majeure, qui veille sans cesse et le parcourt en tous sens.

« J'observerai que, n'ayant pu établir de communication avec aucun officier du département de la Vendée, je ne connais pas leurs forces et leurs moyens. Je sais parfaitement que l'esprit y est bon et bien disposé, il suivra le mouvement, mais il faut qu'il vienne d'autres parties de la France. Je ferai l'aveu, et c'est la vérité, je dois le dire en conscience, le pays qu'on appelle la *Vendée Militaire* compte sur des secours étrangers..., et ma conviction est que la Vendée ne se lèverait que partiellement et avec beaucoup de difficultés, s'il n'y a pas quelques forces pour la soutenir. »

Depuis cette époque, je dois le déclarer à *Madame*, je n'ai pas reçu un mot du deuxième corps ; je sais seulement que la division règne toujours entre les deux chefs qui en partagent le commandement et que cette division apporte les plus grands obstacles au bien qu'on pourrait faire.

Pour le *troisième corps* d'Autichamp transcrivit le compte rendu suivant que le baron de Charette lui avait adressé le 31 décembre, en réponse à sa lettre du 15 du même mois :

J'ai l'honneur de vous rendre compte aussi succinctement que possible de la situation du pays, des améliorations qui s'y sont faites, du nombre des troupes du Gouvernement, de celles que nous pouvons leur opposer, de l'organisation militaire des réfractaires recevant une solde presque régulière, de leur nombre, du refus de l'impôt qui a déjà eu son effet sur plusieurs points ; de l'amélioration de l'opinion sur la question de l'intervention étrangère, qui n'est plus regardée comme une nécessité ; enfin, mon Général, on n'attend que le moment et vos ordres.

Dix-sept divisions sont comprises dans le troisième corps et organisées.

Troupes de ligne en garnison dans ce corps...	3.000
Vendéens présumés devoir être en armes......	10.000
(Le nombre peut se doubler.)	
Réfractaires organisés par escouades, pelotons et compagnies...........................	150
Déserteurs présumés provenant des différents détachements.........................	500

Divisions manquant d'armes..................	5
(Les autres en ont assez, soit de chasse ou de munition.)	
Poudre nouvellement achetée...............	500 kil.
Celle entre les mains des paysans............	500 kil.
Celle de 1815, plus ou moins bonne.........	2.000
Cartouches confectionnées..................	50.000

Le Maréchal m'avait annoncé quelques fonds, mais il paraît qu'ils ne seront pas mis à ma disposition; ainsi, mon Général, je profiterai de votre offre obligeante, ma bourse étant bien à sec et mes charges bien fortes (1).

Le général d'Autichamp ajouta :

Ce rapport, comme *Madame* peut en juger, ne me met, en aucune manière, au fait de la composition du 3e corps. Je ne comprends pas, d'après ce que nous entendons généralement en Vendée par le mot division, ce que sont les 17 divisions dont parle Monsieur de Charette ; il y a là une erreur manifeste sur le nombre d'hommes, d'après les connaissances que j'ai de la Vendée depuis 1793 et d'après un premier rapport de Monsieur de Charrette qui ne portait ce nombre qu'à 3 ou 4.000. Si ce calcul était sans conséquence, je n'en aurais point parlé ; mais il est trop important que *Madame* ne soit pas induite en erreur sur les forces sur lesquelles elle peut compter, pour que je ne lui dise pas la vérité tout entière.

Je ne finirai pas ce rapport sans faire mention d'une proclamation que l'on répand dans la Vendée, au nom de *Madame*. Cette proclamation est regardée généralement comme trop prématurée et pouvant attirer l'attention de la police et faire persécuter le clergé, qu'elle compromet.

Le 17 mars, le duc d'Escars prévint d'Autichamp que, selon toutes probabilités, le soulèvement aurait lieu vers le milieu du mois d'avril. Cet avis, reçu dans les premiers jours du mois, fut immédiatement transmis aux chefs de

(1) Le 25 janvier, d'Autichamp avait répondu au baron de Charette qu'ayant appris d'une façon positive qu'il venait de lui être alloué une somme de 10.000 francs, il ne lui ferait pas passer les fonds offerts tout d'abord. Il les destinait désormais au 2e corps qui se trouvait, à cette époque, dans le plus complet dénûment.

corps. Le 12, le général Clouet l'informa de sa nomination au commandement de l'armée bretonne et manifesta le désir d'entrer en relation avec lui, afin de pouvoir concerter leurs opérations militaires sur les deux rives de la Loire. Le 18, enfin, par un second billet daté du 9, le duc d'Escars lui confirma les renseignements contenus dans sa lettre du 17 mars.

Peu de jours après, le général Clouet lui communiqua le plan de campagne arrêté par le maréchal de Bourmont.

Bien différent de la « grande guerre » et même de 1815, le soulèvement devait être, cette fois, une manifestation armée, énergique et d'une foudroyante spontanéité, plutôt qu'une guerre défensive. Il s'agissait moins d'entamer la guérilla vendéenne ou la chouannerie bretonne que de frapper de terreur les principales villes de France et en premier lieu Paris. Après avoir désarmé les détachements disséminés dans le pays et s'être emparé des places qui n'offriraient qu'une faible résistance, il fallait se porter sur une ligne brisée dont Angers formerait l'angle saillant et dont les deux points extrêmes seraient la Rochelle, au Midi, et Pontorson, au Nord.

Par ce mouvement brusque et hardi qui, en quelques jours et avec une irrésistible rapidité, isolerait les provinces de l'Ouest, les autorités civiles et militaires de la Bretagne et de la Vendée, ne recevant plus d'ordres de Paris, flotteraient dans une incertitude très avantageuse. Si quelques attaques venaient à se produire, elles ne pourraient être que partielles et mal concertées et la marche en avant de l'armée royale, — marche qui, en pareil cas, est toujours l'indice de la victoire, — tromperait et découragerait les autorités Orléanistes qui pourraient songer à enrayer le mouvement dans les parties non soulevées de la France.

Le général Clouet terminait cette communication par une demande de renseignements sur la marche des troupes de la rive gauche, afin de pouvoir faire concorder ses mouvements avec ceux de cette armée. Il ajoutait qu'il allait se rendre sous peu à Angers, où il resterait jusqu'au commencement des hostilités.

Le 23 avril, d'Autichamp reçut un nouvel avis du duc d'Escars, lui annonçant que rien n'était changé et qu'il devait toujours se tenir prêt à agir aux premiers jours. En conséquence, le 2 mai, il se rendit au château de Beuzon, près d'Angers, où il avait donné rendez-vous au général Clouet et au prince de Broglie, son chef d'état-major. Dès son arrivée, les deux généraux se réunirent et arrêtèrent définitivement les mesures nécessaires à l'exécution du plan de campagne, pour la réussite duquel la concordance des opérations était indispensable.

Le lendemain, d'Autichamp reçut de longues instructions du maréchal de Bourmont. Le général en chef le prévenait que la nouvelle de l'arrivée de *Madame* serait adressée à Angers, selon toute probabilité, du 1er au 3 mai ; que, dans ces conditions, il était urgent de hâter les derniers préparatifs et d'avertir les différents chefs de corps. Pour les opérations militaires qui devaient ouvrir la campagne, le Maréchal donnait les prescriptions suivantes :

« En prenant les armes, et aussitôt après avoir enlevé les petits postes qui ne sont pas susceptibles de défense, vous devez réunir toutes vos forces, depuis Cholet jusqu'à Mortagne et les environs, pour combattre, en allant à leur rencontre, les premières troupes qu'on fera marcher contre vous, soit d'Angers, soit de Nantes, soit de Bourbon. Après avoir battu celle de ces garnisons que vous aurez rejointe la première, il faudra la poursuivre vivement jusqu'à ce qu'elle n'existe plus comme force, puis marcher le lendemain sur les autres, si elles se sont aventurées au centre du pays. Si vous aviez ainsi battu la garnison de Nantes, il faudrait manœuvrer pour empêcher ses débris de rentrer dans cette ville et les rejeter sur Bourbon-Vendée, où vous les poursuivriez encore le lendemain et tâcheriez de faire déclarer pour vous Luçon, Fontenay et les Sables.

« Si vous aviez à lutter d'abord contre la garnison d'Angers, il faudrait lui couper la retraite sur les Ponts-de-Cé ; faire filer un gros détachement par une de vos ailes pour essayer de vous emparer de cette place avant que la garnison pût y revenir, si, comme on peut l'espérer, le général qui la commande avait négligé d'y laisser un détachement assez fort pour la défendre.

« Si vous parveniez à vous emparer des Ponts-de-Cé, il ne faudrait plus les quitter et faire établir une tête de pont sur la rive droite, afin de faciliter, au détachement que vous y laisseriez, la défense d'une position aussi importante.

« Après les premières opérations, le commandant en chef de la rive droite portera ses forces sur Durtal et Beaugé où il prendra position. Il pourra, je pense, vous fournir du canon pour armer votre tête de pont.

« Vous jugerez, suivant les circonstances, si vous devez vous porter ensuite sur Saumur ou sur Poitiers, avec les forces que vous aurez pu organiser régulièrement, car il ne serait pas sage de sortir du pays coupé avec des masses, sans une forte organisation qui les rendît plus mobiles et plus redoutables. »

Comme il lui était enjoint de le faire, d'Autichamp annonça, le soir même, aux trois généraux vendéens la prochaine arrivée de *Madame* et leur adressa des instructions basées sur celles que le Maréchal venait de lui transmettre.

Le lendemain, 4, on lui remit la lettre suivante, qui confirmait en tous points les nouvelles précédemment reçues :

15 avril 1822.

Je ferai savoir à Nantes, à Angers, à Rennes et à Lyon que je suis entrée. Préparez-vous donc pour faire prendre les armes, aussitôt que vous aurez reçu cet avis et comptez que vous le recevrez probablement du 1er au 3 mai prochain. Si les courriers ne pouvaient passer, le bruit public vous instruirait de mon arrivée et vous feriez prendre les armes sans retard.

MARIE-CAROLINE.

L'ouverture des hostilités paraissant imminente, le 5, le général d'Autichamp se rendit, du Beuzon, au château du Pin, près de Champtocé, où il avait l'intention d'établir son quartier général. Le Pin appartenait à un de ses cousins, le baron de la Haye ; son séjour y était tout naturellement expliqué et cette position avait, en outre, le double avantage d'être à proximité du 1er corps vendéen et de faciliter les communications avec les généraux de la rive droite.

Quelques instants après son arrivée au Pin, le comte de Choulot, parti de Marseille le 29, lui annonça que *Madame* venait de débarquer sur les côtes de Provence et que le mouvement de Marseille devait avoir eu lieu le 30. Malheureusement, les journaux, qui lui furent remis presque en même temps, publiaient l'échec du soulèvement dans le Midi !

Cette nouvelle modifiait singulièrement la situation et jetait dans une grande perplexité le commandant en chef des forces vendéennes. En effet, tout était prêt, les paysans n'attendaient plus que le signal de la prise d'armes, et ce nouveau retard allait très probablement refroidir leur zèle, déjà soumis à tant d'épreuves. D'autre part, les ordres étaient formels et on ne devait ouvrir le feu que si le mouvement du Midi était couronné de succès.

En présence de cette nouvelle situation et des conséquences qui pouvaient en résulter, d'Autichamp estima qu'avant tout il fallait s'entendre avec le général Clouet : « Je suis prévenu, lui écrivit-il immédiatement, que *Madame* est débarquée à Marseille le 29 et qu'elle devait commencer à agir le 30. Les journaux m'apprennent que la tentative de cette ville a été malheureuse. Tout peut être manqué et je n'agirai qu'après avoir reçu d'autres nouvelles. Je vous préviens de ma résolution, faites-moi connaître la vôtre. Ne risquons pas de compromettre notre cause par trop de précipitation. »

Le lendemain, il reçut la visite du marquis de Coislin, qui commandait un corps d'armée sur la rive droite et les deux généraux adressèrent la lettre suivante au général Clouet :

6 mai 1832.

Nous venons de causer ensemble pour nous entendre et agir de concert. Voici ce dont nous sommes convenus.

Vu l'incertitude où nous sommes de savoir si *Madame* s'est maintenue en France, nous avons résolu d'attendre, avant de faire aucun mouvement quelconque, qu'il nous soit parvenu une certitude à cet égard. Nous avons pensé que si des lettres de Marseille n'arrivent pas à Paris, ce que nous saurons par les journaux et la voix publique, nous devions tenir pour certain que *Madame* s'y est maintenue, et alors nous agirons, en ne fixant pour l'époque de la prise d'armes, que le nombre de jours nécessaires pour envoyer des ordres partout.

Si *Madame* n'a pas pu se maintenir, les lettres de Marseille nous l'apprendront infailliblement, et alors ce sera pour nous comme si elle n'était pas débarquée ; nous ne bougerons pas, afin de conserver nos ressources pour un moment plus heureux.

Jusqu'à cette heure, nous n'avons rien reçu de postérieur à ce que nous ont dit les journaux de ce qui s'est passé à Marseille le 30.

Le comte d'Autichamp, le marquis de Coislin.

Après avoir expédié cette lettre, d'Autichamp informa les trois généraux placés sous ses ordres de l'incertitude qui résultait des derniers événements. Il leur recommanda néanmoins de se tenir toujours prêts à commencer leur mouvement, mais à peine son courrier était-il parti qu'un billet du duc d'Escars vint lui confirmer l'échec du soulèvement de Marseille. Il s'empressa alors de transmettre à chaque général ces mauvaises nouvelles, en y ajoutant cette simple instruction :

« Tenez-vous tranquille pour le moment, l'affaire peut se reprendre. Prenez seulement vos précautions, car il est possible que le Gouvernement n'ait fait tant de mystères de cet événement que pour nous laisser compromettre. »

CHAPITRE III

Pendant que les événements du Midi se faisaient sentir dans l'Ouest par un contre-coup qui troublait si profondément les généraux royalistes, la duchesse de Berry arrivait en Saintonge.

On sait quelles furent les péripéties de ce voyage, si pénible pour la Princesse, non seulement par les fatigues qu'elle eut à surmonter, mais encore par l'angoisse de l'abandon qu'elle venait de subir et les inquiétudes au sujet de la fortune réservée désormais à ses projets. Partie d'Italie le 24 avril, sur le *Carlo-Alberto*, et débarquée sur les côtes de Provence dans la nuit du 28 au 29, Marie-Caroline s'était remise en route le 30, dès que le résultat malheureux du mouvement de Marseille lui avait été annoncé.

Profondément attristée, la vaillante Princesse ne se laissa cependant point abattre et sa décision fut si rapidement prise qu'elle ne donna pas aux regrets le temps de la décourager. Le Midi lui ayant refusé son concours, elle résolut de faire appel au dévouement que les fidèles populations de la Vendée avaient toujours offert aux siens, sans la moindre hésitation.

Et presque sans repos, elle avait successivement traversé Nîmes, Montpellier, Carcassonne, Toulouse, Agen,

Libourne et Blaye pour arriver, le 6 mai, au château de Plassac, chez le marquis de Dampierre (1).

Après quelques jours de repos, la duchesse de Berry se mit en correspondance avec les généraux royalistes. Le vicomte d'Alès porta ses ordres au baron de Charette et à M. Guibourg, chargé de l'administration civile du département de la Loire-Inférieure; la Princesse écrivit directement à tous les autres chefs.

Son courrier était arrivé tout d'abord à Angers ; le général Clouet se rendit immédiatement au château du Pin et communiqua à MM. d'Autichamp et de Coislin la lettre suivante datée du 13 :

Malgré l'échec que nous venons d'éprouver, je suis loin de regarder ma cause comme perdue, j'ai toujours la même confiance dans mon bon droit. Mon intention est qu'on plaide incessamment; j'engage donc mes avocats à se tenir prêts à plaider au premier jour.

En présence de cette situation toute nouvelle, puisque la prise d'armes en Vendée avait été subordonnée au succès de l'insurrection dans le Midi, les généraux crurent important de sonder l'état des esprits et de s'assurer si l'échec de Marseille n'était pas de nature à détruire certaines espérances fondées sur les troupes régulières cantonnées dans le pays.

« En cédant aveuglément au désir sincère que nous avions de seconder les vues de Son Altesse Royale, écrit d'Au-

(1) D'après la plupart des auteurs, la duchesse de Berry serait arrivée à Plassac le 4 mai et même dans la nuit du 3 au 4. Or, elle était partie des environs de Marseille dans la nuit du 30 avril au 1er mai et s'était arrêtée 48 heures au château de Bourecueil, dans les *Bouches-du-Rhône*: il lui aurait donc été matériellement impossible d'arriver le 4 en Saintonge. — Dans les *Mémoires de Madame*, il est dit qu'elle ne resta que 9 jours à Plassac et, comme son départ pour la Vendée eut lieu le 15, nous croyons que la date du 6 doit être adoptée.

tichamp dans ses *Mémoires*, il était à craindre que nous ne la trompassions en nous abusant nous-mêmes... *Madame* était sur le point de pénétrer dans la Vendée; nous dûmes nous demander quelle était, dans une circonstance aussi grave, l'obligation impérieuse imposée à des chefs, aux lumières, à l'expérience, au dévouement desquels l'auguste Princesse voulait bien se fier. N'était-ce pas, dans son propre intérêt, dans l'intérêt aussi de nos pays, de faire connaître loyalement à S. A. R. et d'une manière positive, en consultant les différents chefs sous nos ordres, la situation morale et matérielle des provinces de l'Ouest (1)? »

En conséquence, la note suivante fut adressée à *Madame :*

Les soussignés, ayant appris la détermination de Mathurine (*Madame*), la supplient de leur donner le temps nécessaire pour recueillir tous les renseignements propres à l'éclairer sur les dispositions actuelles de leurs clients, depuis la perte du procès en première instance, afin qu'elle puisse prendre sa résolution avec pleine connaissance de la véritable situation des affaires.

Comte d'AUTICHAMP, CLOUET, marquis de COISLIN.

15 mai 1832.

En même temps, les trois généraux envoyaient à leurs divisionnaires une série de questions, destinées à les éclairer sur l'opinion des officiers et des paysans. Il y était demandé comment on répondrait à un appel aux armes, dans le cas où le Midi ferait un nouveau mouvement; — si les Vendéens se soulèveraient *les premiers*, avec l'assurance que leur exemple entraînerait les popu-

(1) *Mémoires*, IIe partie, ch. VI, page 10.

lations du Midi; — sur combien d'hommes armés on pouvait compter le premier jour; — combien il y avait de cartouches par homme; — enfin si la remise immédiate de fusils et de munitions donnerait plus de monde, dès le premier moment?

Dès le 15 mai, le baron de Charette envoya sa réponse. D'après ses renseignements personnels et ceux qu'il tenait de ses chefs de divisions, les Vendéens prendraient certainement les armes s'ils avaient l'assurance que leur exemple serait suivi. Il ajoutait que la seule présence de *Madame* suffirait à dissiper tous les doutes et toutes les hésitations à cet égard. Relativement au nombre d'hommes et à la quantité de poudre et de cartouches dont on pouvait disposer, il renouvelait les renseignements fournis dans son rapport du 31 décembre ; il estimait, néanmoins, que des armes et des munitions, distribuées à l'avance, contribueraient fortement à augmenter le nombre des volontaires de la première heure.

En Anjou, Cathelineau espérait mettre 6.000 hommes sur pied, si le soulèvement de la Vendée suivait celui du Midi, mais il était persuadé que, dans le cas contraire, peu de paysans répondraient à son appel.

Quant au 3e corps (Poitou), dont le chef était toujours absent, rien n'y était organisé et, à cette époque, il n'existait que de nom.

Ce fut dans la matinée du 18 mai, à son arrivée à Bellecour (1), que *Madame* prit connaissance de la note collective des généraux en date du 14. De là aussi elle leur adressa sa réponse que le comte de Monti fut chargé

(1) Partie de Plassac dans la nuit du 15 au 16, la duchesse de Berry était arrivée au château de la Preuille, près Montaigu, le 17 dans la matinée. Après un arrêt de quelques instants, elle s'était rendue au château du Mortier et de là, le lendemain matin, à la ferme de Bellecour, située commune de Montbert.

de porter à M. Guibourg. Ce dernier devait la faire parvenir aux trois chefs et leur transmettre l'ordre de la prise d'armes, signé le 15, avant le départ de Plassac.

Le 19, le général d'Autichamp reçut donc les deux pièces suivantes. D'abord l'ordre du soulèvement si longtemps différé :

D'après les rapports qui m'ont été adressés sur l'état des provinces de l'Ouest et du Midi, mes intentions sont qu'on prenne les armes, dans toute la France, le 24 de ce mois. Je répète le 24 de ce mois.

J'ai fait connaître partout mes ordres à cet égard, et je les transmets aujourd'hui à mes provinces de l'Ouest.

MARIE-CAROLINE,
Régente de France.

Saintonge, 15 mai 1832.

Ensuite une réponse à la note du 14 mai :

Je vous prie, mon cher Comte, de faire parvenir le plus tôt possible cette lettre à ceux qui ont signé celle que vous m'avez envoyée.

Je n'ai pas besoin de vous dire encore combien je compte sur votre dévouement, dont nous avons déjà tant de preuves et qui devient si nécessaire dans un moment décisif.

MARIE-CAROLINE.

J'ai lieu de m'affliger, Messieurs, des dispositions contenues dans la note que vous venez de m'envoyer; vous vous rappellerez le contenu de vos dépêches; ce sont elles, ainsi qu'un devoir que je considère comme sacré, qui m'ont décidée à me confier à la loyauté reconnue de ces provinces. Si j'ai donné l'ordre de prendre les armes le 24 de ce mois, c'est sûre de votre participation ; c'est d'après des notions positives du Midi et de divers points de la France. Je regarderais ma cause comme à jamais perdue, si j'étais obligée de fuir ce pays ; et j'y serais naturellement amenée, si une prise d'armes n'avait lieu immédiatement. Je n'aurais donc d'autres ressources que d'aller gémir loin de la France, pour avoir trop compté sur les promesses de ceux envers lesquels j'ai tout bravé pour remplir les miennes.

Je l'avoue, privée des lumières du Maréchal, il m'a coûté de prendre une telle détermination sans lui; mais j'ai l'assurance qu'il sera à son poste s'il n'y est déjà. J'aurais désiré suppléer à ses conseils par les vôtres, mais le temps me manquait et j'ai dû faire un appel à votre dévouement et à votre zèle. L'ordre envoyé dans toute la France le 24 de ce mois demeure donc exécutoire pour l'Ouest.

Il me reste maintenant, Messieurs, à appeler votre attention sur l'armée. C'est elle qui assurera nos succès. C'est donc un devoir que d'employer, vis-à-vis d'elle, tous les moyens de sug gestion possibles. Vous aurez donc soin de répandre deux jours à l'avance mes proclamations et mes ordonnances. Vous ne vous porterez à des voies de fait contre elle qu'après avoir employé tous moyens de conciliation. Telles sont mes volontés positives (1).

En présence de résolutions si nettement exprimées, l'hésitation n'était plus possible. D'Autichamp s'empressa d'expédier aux trois généraux de la rive gauche l'ordre du soulèvement et les instructions relatives à l'armée.

En même temps, il répondit à la duchesse de Berry :

19 mai 1832.

Madame a prononcé, j'obéis.

L'ordre de prendre les armes dans la nuit du 23 au 24 de ce mois est expédié aux commandants des corps d'armée de la rive gauche de la Loire, avec la recommandation de se conduire, à l'égard des troupes, conformément aux intentions de Son Altesse Royale, qui ont été transmises littéralement.

(1) Presque tous les auteurs ont passé sous silence la note des généraux portant la date du 14 mai et considèrent cette lettre de *Madame* comme une réponse à une autre note qui fut rédigée le 25 ou le 26 suivant, par les mêmes chefs. La lettre de la duchesse de Berry, étant du 18, ne saurait s'appliquer à cette seconde note.

Il y a longtemps que j'ai consacré mon existence au service de mon Roi légitime. Dans cette nouvelle circonstance, mon dévouement et ma fidélité seront ce qu'ils ont toujours été et répondront à l'attente de *Madame* et à la confiance dont elle daigne m'honorer.

Comte d'AUTICHAMP.

A ce moment même, la duchesse de Berry était aux prises avec les plus grandes difficultés. Comme toujours, en pareil cas, les retards avaient abattu les premiers enthousiasmes et calmé les premières ardeurs. Lorsque, peu de mois avant, on n'avait cessé de reprocher à la Princesse ses lenteurs et ses hésitations, aujourd'hui qu'elle se trouvait au milieu des troupes, qu'elle couchait sur le champ de bataille du lendemain, on lui conseillait la prudence, et, pour l'y forcer, on se séparait d'elle !

C'était d'abord le marquis de Goulaine qui, suivi d'un certain nombre d'officiers du 3e corps, venait de refuser son concours à la prise d'armes et cette défection, — dans le pays qui offrait le plus de ressources, — avait produit de regrettables effets et menaçait d'avoir de dangereux échos.

C'était aussi le Comité royaliste de Paris, composé pourtant de ses plus intimes conseillers, mais qui ne se serait pas cru, sans doute, un comité sérieux, si, au moment décisif, il ne s'était pas dérobé derrière de prudentes considérations. Opposé au mouvement insurrectionnel, il avait résolu d'agir directement près de *Madame* et venait de confier à Berryer la mission de lui faire abandonner ses projets belliqueux.

Le grand orateur royaliste arriva à Nantes le 22, et se mit aussitôt en rapport avec le comte de Bourmont. Le Maréchal était dans cette ville depuis le 19. Là, comme à Angers, lors de son passage, il avait été circonvenu par tous les gens tièdes ou timorés qui redoutaient le commencement des hostilités. Cette obsession de la part de Royalistes dont la fidélité passait pour notoire ; le peu d'entente qui régnait entre les chefs et dont il avait eu personnellement la preuve, lors de la nomination de Cathelineau ; la faiblesse des ressources qu'on lui indiquait, l'insuccès de certains projets secrets, tout lui faisait regretter la résolution prise par *Madame*. Cependant, les ordres étant donnés, il se rendait compte qu'il était trop tard pour reculer et il se disposait à agir, lorsque Berryer, par ses instances réitérées, lui arracha, — presque malgré lui, — un ordre de sursis, ajournant de quelques jours la prise d'armes du 24.

Muni de cette pièce, Berryer se rendit au Meslier, où *Madame* était arrivée dans la nuit du 21 au 22, après avoir passé par la ferme de la Chaimare, le château de la Louvradière et le Magazin. L'entrevue fut longue et orageuse : Berryer déploya toutes les ressources de son talent, mais il ne put vaincre tout d'abord les résistances de la Princesse. Cédant enfin à ses pressantes sollicitations, — ne cédant peut-être que pour lui donner le change, — *Madame* déclara que, dès le lendemain, elle se rendrait à Nantes et, de là, sur les côtes de Bretagne pour s'y embarquer.

Mais à peine Berryer venait-il de la quitter que la Duchesse recevait une lettre portant le timbre de Toulon et annonçant que le Midi était en feu. Cette nouvelle modifia la résolution prise quelques minutes auparavant. Plus confiante que jamais, *Madame* prévint aussitôt le baron de Charette et dépêcha un officier à Nantes pour prier le maréchal de Bourmont de venir sans retard au Meslier.

Pendant ce temps, le contre-ordre arrivait aux généraux et d'Autichamp le recevait, dans la soirée du 22. Profitant de ce délai, il se rendit au château du Lancreau, près de

Champtocé, où le marquis de Coislin et le général Clouet lui avaient donné rendez-vous depuis quelques jours.

Les trois généraux examinèrent la situation. « Chacun de nous, écrit le général d'Autichamp à ce sujet, chacun de nous, péniblement affecté, comprit l'étendue et la rigueur des devoirs que la circonstance actuelle nous imposait. Ne pas faire connaître à *Madame* les renseignements qui nous étaient parvenus, alors que nous en avions la possibilité, c'était, suivant nous, trahir la foi jurée à notre cause et compromettre la vie et la liberté de la Princesse. Notre position était telle que nous ne devions pas laisser *Madame* sous le charme trompeur de vaines espérances, dont quelques personnes la berçaient encore peut-être. Les aveux que nous avions à faire étaient sans doute pénibles pour Son Altesse Royale et pour nous-mêmes : nous nous y décidâmes, en promettant obéissance passive et dévouement absolu, quelle que fût sa décision (1). »

En conséquence, ils redigèrent et signèrent la note suivante (2) :

Les différents ordres, qui ont été transmis au nom de *Madame* dans les départements de l'Ouest, prouvent que S. A. R. a reçu, des émissaires qui ont été envoyés par Elle, les rapports les plus faux sur la situation de ces départements et qu'ils ont dit à *Madame* absolument le contraire de ce qu'ils étaient chargés de dire. Il faut donc que quelqu'un, sur la franchise de qui l'on puisse compter, veuille bien se charger de porter à *Madame* la note suivante qui contient l'exacte vérité sur la situation de l'Ouest.

L'armement est loin d'être ce qu'il faudrait qu'il fût, pour soutenir avantageusement la guerre : il se compose de fusils jetés

(1) *Mémoires*, IIe partie, ch. VII, page 13.

(2) Vu son importance, nous donnons cette note *in extenso* et sans aucune modification, malgré sa forme parfois peu intelligible. C'est du reste la première fois qu'elle se trouve imprimée en entier.

sur la côte par les Anglais, pendant la première révolution et à l'époque des Cents jours. Les derniers seuls sont en état de service; mais une partie de ces armes est à peu près perdue, faute de soins et par la nécessité où l'on a été de les cacher, tant sous le ministère Decazes que depuis la révolution de 1830. De plus, quelques-uns de ceux qui en avaient les ont vendus, soit pour en avoir le prix, soit pour les changer contre des fusils de chasse. L'armement actuel n'est donc composé que de vieux fusils anglais, et d'un assez grand nombre de fusils de chasse, ce qui augmente beaucoup la difficulté de la distribution des cartouches, surtout pendant les affaires.

La poudre manque encore plus que les fusils; depuis la révolution de 1830, on ne s'en est procuré dans nos départements qu'avec la plus grande peine, et livre par livre.

Les patrouilles et les visites domiciliaires ont nécessité de grandes précautions pour que ces poudres ne fussent pas trouvées dans les maisons; on les a cachées dans des arbres creux, dans des barges de fagots, de foin, etc. L'humidité a causé des pertes bien fâcheuses et il faut le dire franchement, parce que c'est la vérité et qu'il faut que *Madame* et son conseil le sachent, dans la plupart des divisions il ne reste plus de quoi soutenir la guerre pendant quinze jours.

Lorsque nous avons pris les armes en 1815, nous étions dans la même position; mais alors nous comptions et pouvions compter sur l'assistance de l'Angleterre, maîtresse de la mer, tandis qu'aujourd'hui nous n'avons rien à espérer. Tous les chefs connaissent cette position. Les propriétaires fidèles et dévoués la connaissent aussi, et chacun sait que, dans cet état, nous ne pouvons agir avec quelqu'espoir de succès qu'appuyés par les armées européennes qui, en attaquant la frontière de la France, forceraient Philippe à retirer de nos départements une partie des troupes de ligne qui s'y trouvent, et qui sont très nombreuses; qu'il sera fort difficile de former les premiers rassemblements, qui alors seraient peu considérables, car nous savons tous que nos ennemis ayant toutes les ressources dont nous sommes privés, il est impossible que les Royalistes puissent seuls rétablir la Légitimité.

Chacun sent cette impossibilité et si des ordres intempestifs, auxquels nous obéirons cependant, nous forçaient à prendre les armes, nous ne réunirions auprès de nous que quelques-uns de ces hommes doués d'un courage surnaturel et quelques autres parmi ceux qui n'ont rien à perdre; tandis que, si nous ne les prenons qu'appuyés sur les armées étrangères, nos pays, nous pouvons le dire, se lèveront en masse et présenteront une force formidable.

Tout le monde est aussi persuadé que la révolution est hors d'état de résister à une coalition de l'Europe qu'on l'est que, sans cette coalition, les Royalistes ne peuvent rien. Ce n'est que quand on nous verra cet appui, que les grandes villes se joindront à nous; sans cela, elles seront contre, quelque soit l'esprit des habitants qui ne voudront pas se lancer dans une entreprise n'offrant aucune chance de succès.

Que *Madame* ne se laisse donc pas éblouir par des paroles, flatteuses sans doute, mais dépourvues de possibilité; qu'on ne cesse de répéter : « *tout pour la France.* » Si elle s'en rapporte à ces donneurs de conseils et qu'elle nous fasse prendre les armes, un mois après il n'y aura plus de Vendée. La dernière ressource de la Monarchie sera anéantie; tous les chefs seront pris ou morts, et le pays entièrement dévasté. Si les 50.000 hommes qui sont dans l'Ouest ne suffisaient pas pour cela, on en trouverait facilement un plus grand nombre, si la guerre ne retenait pas l'armée aux frontières; il faut, au contraire, qu'elle y appelle une partie des troupes qui nous sont opposées. 50.000 hommes ne manquant ni d'armes ni de munitions sont trop contre des hommes manquant presque de tout.

Un jour viendra peut-être, si on a la patience d'attendre, où l'on pourra tout faire *par la France* et rien par l'étranger, ce qui serait sans doute beaucoup mieux; mais ce jour n'est pas encore venu. La misère du peuple, cet hiver, dans les villes, peut hâter beaucoup cet instant. Quelques efforts que fassent les villes et les encouragements, il leur sera impossible de fournir aux besoins de la classe ouvrière, maintenant sans ouvrage, surtout au prix exorbitant auquel se sont élevés les grains, par suite de la mauvaise récolte de cette année. Ne vaut-il pas mieux laisser supporter à Philippe le poids de cette inévitable misère, que d'en charger Henri V et la régence de *Madame*, en supposant qu'on puisse opérer la restauration avant ou pendant l'hiver?

Rien ne peut désormais empêcher que cette misère n'ait lieu, et si la Restauration, ou une tentative de Restauration n'avait pas lieu, ou n'avait pas été entreprise, on aurait pourvu à tous les besoins, tandis que, dans le cas contraire, nous pourrions aussi nous, et avec bien plus de raison, dire aux ouvriers sans ouvrage, aux marchands qui ne vendent rien, aux banqueroutiers, etc., que c'est à la glorieuse Révolution, à Philippe et à son gouvernement seuls qu'ils peuvent s'en prendre, les Royalistes les ayant laissés faire tout ce qu'ils ont voulu et sans opposition.

Nous supplions *Madame* de prendre ces observations en considération, et la prions de ne pas s'en rapporter à ces gens, qui lui ont raconté de nos contrées tout le contraire de ce que nous les avions chargés de lui dire.

Déjà une tentative intempestive faite par la Hollande a empêché le ministère Périer de tomber, et lui a même donné plus de force qu'il n'en avait auparavant. Il en serait ainsi de toutes les tentatives partielles et de celles des Royalistes surtout, qui verraient à l'instant se réunir contre eux tous les partis révolutionnaires et éloigneraient de leur cause tous ceux qui ne se décideront que sur des chances de succès qu'ils ne voient et qui n'existent réellement en ce moment qu'avec le concours des étrangers.

Une prise d'armes opérée par nous, sans ce concours, et dans la position où nous sommes, ne sera, comme nous l'avons déjà dit, que l'entière destruction du parti royaliste; et qu'en résultera-t-il si la France est attaquée plus tard par l'Europe? C'est qu'alors il n'existera plus d'armée royale pour appuyer et faire valoir les droits d'Henri V, que les étrangers, vainqueurs de la Révolution, pourront disposer comme ils voudront de nos provinces envahies, et sans que *Madame* puisse leur présenter son Auguste fils à la tête d'une armée dévouée, prête, s'il le faut, à soutenir ses droits sur l'intégrité de la France.

Qu'on y pense donc bien, la position des départements de l'Ouest est grande et belle parce qu'on les craint. Ils tiennent en échec 50.000 hommes de troupes de ligne. Si *Madame* leur ordonne de prendre les armes, ils obéiront, et ce mouvement ne servira qu'à faire connaître leur peu de ressources. Les masses ne se lèveront point, faute d'armes, de munitions et surtout de confiance dans une tentative dont la pensée seule paraît une extravagance aux yeux de ceux qui connaissent véritablement l'état des choses, et qui savent que, dépourvus de tout, comme nous le sommes, nous ne pouvons rien sans un secours étranger ; mais qui, d'un autre côté, sont bien convaincus que, contre ce secours, la Révolution ne peut rien.

C'est avec cette parfaite connaissance de notre position que nous avons chargé les émissaires envoyés par *Madame* de la prier de ne nous faire prendre les armes, pour la cause de Henri V, que lorsque les premiers coups de canon auraient été tirés aux frontières par les armées européennes, ou dans le cas d'anarchie complète à Paris, par suite de l'anéantissement de Philippe et de sa famille, ou de la proclamation de la République, événements qui auront peut-être lieu cet hiver, occasionnés par le désespoir où la misère peut porter les classes ouvrières et industrielles.

Nous n'avons jusqu'à présent qu'à gagner à attendre; beaucoup de gens ouvrent les yeux, voient combien ils ont été dupes. L'augmentation d'impôt fait bon effet, même dans l'intérieur de la France ; de là, de nouvelles levées d'hommes offriront plus de difficultés que les premières. Tout nous porte donc à penser qu'il faut, pour réussir, patience et prudence, et surtout ne pas nous compromettre par des ordres mal donnés, qu'il faut rétracter ensuite et qui, nous ayant été donnés plusieurs fois, ont occasionné toutes les persécutions auxquelles nous sommes exposés, et ont, plus que toute autre chose, contribué aux pertes de munitions que nous avons éprouvées.

Comte d'AUTICHAMP, général CLOUET, marquis de COISLIN.

26 mai 1832.

Après avoir envoyé cet exposé de la situation, les trois généraux se séparèrent.

D'Autichamp était revenu au château du Pin, lorsqu'il reçut, le 29, de M. Guibourg, différentes pièces assez importantes. La première était une réponse de *Madame* à une de ses lettres, écrite aussitôt la réception des premiers ordres.

25 mai 1832.

Depuis votre lettre, mon cher Comte, qui est l'expression du plus entier dévouement (et dans l'état des choses, je vous en sais plus gré que je ne puis vous le dire), j'ai reçu de Mouton (de Bourmont) l'avis qu'il a ordonné un retard de dix jours, demandé par les rapports qu'il a eus de plusieurs côtés. (Car tout le monde n'est pas comme vous.) J'avoue qu'ayant fait parvenir mes ordres dans tout le Midi, dont je reçois à l'instant des nouvelles très satisfaisantes, il m'en eût beaucoup coûté d'ordonner dans l'Ouest un retard, dont l'avis ne pouvait, faute de temps, parvenir à Marseille, etc... Mouton a jugé la chose nécessaire, urgente, et j'espère qu'il a fait pour le mieux. Un envoyé de Paris, en grande hâte, m'a fort engagée à renoncer à toutes entreprises sur l'Ouest, et même conseillé de quitter la France, mais n'a pu me déterminer. J'ai voulu courir tous les dangers, pour venir partager ceux des provinces fidèles et je ne les abandonnerai pas, tant qu'il y aura une lueur d'espérance de terminer, par nos efforts réunis, les malheurs de notre patrie.

Vous connaissez, mon cher Comte, tous mes sentiments.

M.-C.

Dans une seconde lettre, la duchesse de Berry affirmait de nouveau son intention de rester en Vendée et fixait le jour définitif du soulèvement :

Ayant pris la détermination de ne pas quitter les provinces de l'Ouest et de me confier à leur fidélité, depuis si longtemps éprouvée, je compte sur vous, Monsieur le comte d'Autichamp, pour prendre toutes les mesures nécessaires à la prise d'armes qui aura lieu dans la nuit du 3 au 4 juin. J'appelle à moi tous les gens de cœur. Dieu nous aidera à sauver notre patrie. Aucun danger, aucune fatigue ne me découragera. On me verra au premier rassemblement.

MARIE-CAROLINE,
Régente de France.

Vendée, 25 mai 1832.

Enfin, une troisième lettre, — celle-ci du maréchal de Bourmont, — contenait des ordres identiques pour le 4 juin : il recommandait, par-dessus tout, que les dispositions arrêtées par la duchesse de Berry fussent ponctuellement suivies.

Comme conséquence de ces derniers ordres, d'Autichamp envoya à chaque général les instructions suivantes :

29 mai 1832.

Madame a pris la courageuse détermination de ne pas s'éloigner des provinces de l'Ouest. Pleine de confiance dans la protection de Dieu, dans la justice de la cause de son fils, *Madame* fait un appel à tous les gens de cœur. Les Vendéens y répondront et apprécieront l'honneur de combattre sous les yeux d'une Princesse qui a bravé tous les dangers pour sauver la France des malheurs qui l'accablent. *Madame* marchera à la tête des braves réunis les premiers autour d'elle. On prendra les armes irrévocablement dans la nuit du 3 au 4 juin. La journée du dimanche sera employée utilement à donner les dernières instructions. Les troupes étant sur leurs gardes, il sera difficile de surprendre les cantonnements ; cependant, on le tentera là où la chose paraîtra possible. Partout ailleurs, les chefs de division s'entendront entre eux pour se porter en masse sur les petits détachements, les désarmer de force, ou leur couper la retraite ; et, en les isolant, les amener à une composition qui leur sera proposée au nom d'Henri V. Dans cette même nuit du 3 au 4 juin, le tocsin sera sonné partout où l'on sera maître des clochers.

Comte d'AUTICHAMP.

CHAPITRE IV

Parmi les causes nombreuses qui firent échouer les projets de la duchesse de Berry, il faut placer, au premier rang, le nouveau retard apporté par le contre-ordre du 22 mai. La date du 24, primitivement choisie, était trop rapprochée pour que l'on pût prévenir à temps toutes les divisions et plusieurs tentatives, qui eurent lieu en Bretagne et en Vendée, donnèrent l'éveil au Gouvernement. Au lieu de l'endormir dans une fausse sécurité, on lui inspira une salutaire alarme et, dès lors, il ne fut plus possible de compter sur la surprise qui était un des facteurs les plus importants du succès.

A Amailloux, au Port-la-Claye, les officiers et les paysans qui arrivaient au rendez-vous du 24 tombèrent entre les mains de l'ennemi; partout où les instructions du maréchal de Bourmont n'eurent pas le temps de pénétrer dans le délai voulu, l'insurrection fut étouffée dans son germe et donna lieu à de dures représailles.

« Le Gouvernement redoubla alors de sévérité, et la Vendée fut soumise à un régime de visites domiciliaires et d'investigations incessantes qu'accompagnèrent parfois des actes d'hostilité odieux et révoltants. »

L'infortuné Cathelineau en fut une des premières victimes. Un détachement d'infanterie et de gendarmes le surprit, le 27 mai, à la ferme de la Chaperonnière, entre Beaupréau et Jallais, et le lieutenant Regnier, du 29e de ligne, le tua sans pitié, d'un coup de feu tiré à bout portant, au moment même où, sans armes, il venait de se rendre.

Le même jour, le général Dermoncourt fit, au château de la Chaslière, chez M. de l'Aubépin, une perquisition dont l'issue, moins sanglante, eut des conséquences encore plus graves. La correspondance de *Madame* y fut saisie et le Gouvernement connut ainsi tous les secrets de l'insurrection, le nom des chefs, le jour et l'heure fixés pour la prise d'armes.

La duchesse de Berry fut elle-même victime de ce redoublement de sévérité et de vigilance. Forcée de changer de retraite, elle dut quitter le Meslier dans la nuit du 31 mai, passa la journée du 1er juin au Magazin et au château de la Mouchetière, séjourna le 2 au Moulin-Étienne et arriva le 3, dans la matinée, au château de la Brosse, commune de Montbert, dont elle ne devait sortir que pour se réfugier à Nantes, après l'insuccès définitif du soulèvement.

Le 28 mai, d'Autichamp nomma au commandement du 1er corps, — en remplacement du malheureux Cathelineau, — M. Lhuillier, un des plus brillants officiers de l'armée vendéenne et qui jouissait dans la contrée d'une influence considérable. Malheureusement, M. Lhuillier était, en ce moment, cloué sur son lit et il répondit au général en chef qu'il ne pouvait accepter cette importante fonction.

D'Autichamp se trouva alors en présence d'une grosse difficulté. Il lui fallait ou laisser le premier corps sans chef, ou assumer le fardeau du commandement, car on ne pouvait songer à soumettre un nouveau choix à la sanction de la duchesse de Berry. Coutumier du fait, le général se dévoua encore une fois. Ce poste, en effet, n'était pas enviable et l'absence de toute organisation en rendait le commandement très difficile.

D'Autichamp savait dans quel triste état se trouvait l'armée d'Anjou; il en avait même signalé tous les inconvénients dans son rapport du 10 décembre; mais le maréchal de Bourmont lui avait écrit à ce sujet le 4 mars: « En laissant, suivant les volontés de *Madame*, à MM. de Charette, de La Rochejaquelein et Cathelineau, le soin d'organiser les forces du pays qu'ils commandent, vous n'avez point à craindre pour votre responsabilité. Elle ne peut porter que sur la conduite des opérations qui vous seront confiées, lorsque les armes auront été prises dans l'Ouest. Rassurez-vous donc à cet égard. »

Cette communication avait mis sa responsabilité à couvert, et on ne peut lui imputer cette absence d'organisation de l'armée d'Anjou, qui avait cessé d'être sienne et dont il n'avait pas eu à s'occuper.

Le 31 mai, d'Autichamp reçut une dernière lettre de la duchesse de Berry, qui lui écrivait sous la date du 25 :

Je suis inquiète, mon cher Comte, de n'avoir pas de vos nouvelles, depuis que je vous ai écrit, pour vous faire connaître que le moment de la prise d'armes était fixé à la nuit du 3 au 4 juin. J'ai eu réponse des autres chefs, ce qui me fait craindre que ma lettre ne vous soit pas parvenue.

Je suis bien aise de vous dire que j'ai de bonnes nouvelles de Paris et du Midi et de tous les points de la France. Plusieurs généraux très marquants et que vous connaissez se sont mis à ma disposition.

Dans l'espoir de vous voir bientôt, mon cher Comte, comptez toujours sur mon entière confiance et véritable affection.

MARIE-CAROLINE,
Régente de France.

Le 29 mai 1832.

A cette lettre était joint l'ordre suivant :

Je charge spécialement 37 (d'Autichamp) et le prince de Broglie de parler de ma part à divers officiers généraux supérieurs et autres, et de leur faire connaître mes intentions pour le service, pour les troupes et pour eux-mêmes.

MARIE-CAROLINE.

25 mai 1832.

La prise d'armes paraissant cette fois absolument décidée, d'Autichamp, bien que très souffrant d'un anthrax à la jambe, quitta, dès le 2 juin, le château du Pin, pour se rendre sur la rive gauche de la Loire. Son état-major se composait alors du prince de Broglie, du baron de la Haye, du vicomte Ferrand, de MM. Charles de Boissard, Nely de la Haye, de la Tour du Pin, de la Chevallerie, Amédée de la Haye, Ludovic Ferrand et de ses deux fils : Charles et Achille d'Autichamp.

Laissant Montjean à gauche, il alla passer la nuit dans un bois situé près du village de la Pommeraye. Le lendemain, il se dirigea sur Jallais, qui avait été désigné comme point de rassemblement de toutes les divisions du 1er corps et s'arrêta, dans la soirée, à la ferme des Loges, située entre Beausse et le Mesnil.

Malgré les ordres donnés, aucun rassemblement ne s'opéra à Jallais. Quelques hommes seulement arrivèrent au rendez-vous ; mais découragés par le mauvais temps et la morne solitude qui les enveloppait, ils repartirent aussitôt et rentrèrent chez eux. Dans la matinée, M. de la Paumelière vint à Jallais ; il avait pu réunir trois ou quatre cents hommes, près de Saint-Laurent-de-la-Plaine, mais sa petite troupe avait de suite réclamé la solde journalière qui avait été promise. D'Autichamp n'avait touché aucun fonds. Il prit cependant quelques centaines de francs sur sa caisse particulière et les remit à cet officier, en lui conseillant de s'entendre avec le marquis de la Béraudière, commandant de la division.

Ce rassemblement se portait sur Jallais, lorsqu'au village du Pin-en-Mauges, il échangea quelques coups de feu avec un détachement de troupes de ligne qui fut assez facilement repoussé. Le lendemain, 15 juin, de la Béraudière, cherchant toujours, mais en vain, à recruter des volontaires, rallia cette troupe et vint occuper la Pommeraye.

Espérant bénéficier de l'avantage que lui donnerait un premier succès, il se porta, dans la soirée, contre Montjean, qu'on lui avait dit faiblement occupé, mais la garde nationale résista à son attaque et il dut se replier sur la Pommeraye.

Le général d'Autichamp apprit cette affaire à Vaugirault, où il passa la nuit du 5 au 6 ; le lendemain, il se porta à Montmoutier et le 7 à la Baronnerie, près de la Chapelle-Saint-Florent. C'est là qu'il eut la certitude qu'il ne fallait pas compter sur la coopération du 1er corps ; il y reçut les renseignements les plus désastreux, et tous les chefs de divisions lui communiquèrent le résultat négatif des efforts qu'ils avaient tentés pour soulever les populations.

Du reste, dès le 11 juin, la seule force armée du 1er corps fut complètement dispersée, dans un engagement qui eut lieu à la Grande-Roche, entre la division de Chemillé et un détachement de troupes de ligne.

Dans le 2e corps, il n'y eut aucune tentative de soulèvement. Cette partie de la Vendée Militaire ne fut même pas organisée.

Seul, le 3e corps opposa de la résistance pendant quelques instants. Maisdon avait été choisi comme point de concentration. Le 4 juin, le comte de Puiseux, que Charette y avait détaché, porteur de ses ordres, prit la direction du rassemblement formé dans ce village. mais dans la journée, un détachement du 29e de ligne tomba à l'improviste sur les Vendéens et les força à battre en retraite, malgré les prodiges de valeur accomplis par le comte de Puiseux. Près de Château-Thébaud, les malheureux Royalistes déjà rompus une première fois furent attaqués de nouveau et complètement dispersés par une compagnie de voltigeurs du 32e, que le général Dermoncourt, sorti de Nantes, le matin même, avait envoyée à leur poursuite.

A la tête de quatre cents hommes, levés à Saint-Philbert, M. de la Roberie se mit en marche le même jour, mais lorsqu'il apprit l'échec du rassemblement de Maisdon, il changea de direction et se replia sur Montbert.

De son côté, le baron de Charette, qui se portait sur Aigrefeuille et dont les forces, ainsi isolées des autres divisions, n'étaient pas capables de résister à l'ennemi, se rejeta également sur Montbert et vint camper à la Grimaudière, près de Pont-James.

Malheureusement pour eux, les Royalistes avaient, dans le général Dermoncourt, un adversaire très actif. Le lendemain matin, il entrait à Montbert à quatre heures, mais la Roberie, averti de cette marche rapide, avait évacué le village pendant la nuit et était venu rejoindre Charette à la Grimaudière. Comme cette position était très rapprochée du château de la Brosse, où se tenait cachée la duchesse de Berry, Charette ne voulut pas risquer les chances d'un combat dont l'issue pouvait mettre la Princesse en danger; il donna immédiatement le signal du départ et se porta sur la Bélinière, commune de Saint-Philbert-de-Bouaine. L'attaque, du reste, ne se serait pas produite, Dermoncourt venant d'être rappelé à Nantes avec une partie de ses troupes.

Le 6, dans la matinée, M. de la Roberie vint annoncer

qu'un détachement du 17e de ligne avait envahi la ferme de la Mouchetière et lâchement assassiné sa fille, âgée de 16 ans, son fermier, vieillard de 80 ans, la femme, le fils et le domestique de ce dernier.

Voulant tirer vengeance de ces cruautés, Charette se porta sur le village du Chêne, à la tête des troupes qu'il avait sous ses ordres. Malheureusement, elles étaient de peu d'importance et ne comprenaient que 600 paysans et la compagnie Nantaise, forte de 150 hommes. Le combat s'engagea en avant du village; les troupes de ligne furent tout d'abord repoussées, mais plusieurs détachements ennemis, attirés par le bruit de la fusillade, arrivèrent sur le terrain et les Vendéens, pris de tous côtés à la fois, durent battre en retraite sur le Claudy.

Cédant à l'impossibilité de continuer la lutte, la majorité des officiers fut d'avis de licencier les troupes et l'insurrection se termina ainsi dans cette partie du Bas Poitou.

Le même jour, dans la matinée, quatre cents paysans levés par Louis de Cornulier, près de Machecoul, avaient été attaqués et dispersés à la Caraterie.

Tandis que Charette et ses officiers voyaient le drapeau blanc se briser dans leurs mains, malgré leurs courageux efforts et la vaillance de la poignée de braves qui les entouraient, à quelques pas de là quarante-deux Royalistes immortalisaient le château de la Pénissière par une de ces folies héroïques, dont la journée de Mazagran devait être, plus tard, le glorieux pendant en Afrique.

Ces quarante-deux Vendéens étaient depuis la veille au château de la Pénissière. Le 6, au moment de sortir du vieux manoir qui leur servait d'abri, ils se trouvèrent cernés par un détachement du 29e de ligne, venu de Clisson. Pendant plusieurs heures, ils résistèrent héroïquement à cet ennemi dont la supériorité numérique était écrasante. Ils n'avaient certainement pas la moindre espérance de vaincre, mais ils voulaient, sans doute, au prix de tout leur sang, donner à 1832 l'auréole de 1793, et terminer, par une page resplendissante de gloire, l'histoire de cette Vendée Militaire, qui allait disparaître pour toujours.

Entourés de flammes auxquelles les assaillants venaient d'avoir recours, manquant de munitions, ils décidèrent de tenter une sortie : huit d'entre eux se dévouèrent au salut de leurs camarades et résolurent de mourir à leur poste, pour favoriser cette audacieuse manœuvre en occupant l'ennemi. Quelques-uns parvinrent à s'échapper et les huit braves qui s'étaient voués à une mort presque certaine furent providentiellement sauvés, protégés par les ruines même du château.

En lisant le récit de cette campagne qui, en dehors des combats de la Pénissière et du Chêne, ne fut en somme qu'une insignifiante échauffourrée ; en comparant les événements de 1832 à ceux de 1793 et même à ceux de 1815, on se demande si les Vendéens de cette troisième époque avaient renié leurs devanciers, si chez eux le courage et le dévouement s'étaient affaiblis, si, à la foi religieuse et monarchique, n'avaient pas succédé l'égoïsme et l'indifférence ?

D'Autichamp répond ainsi à ces objections : « De ce que la Vendée ne s'est pas véritablement insurgée, de ce que la présence de *Madame* n'a pas produit dans cette contrée l'effet sur lequel S. A. R. avait sans doute compté, on aurait tort de conclure que le dévouement courageux de nos vieux Vendéens s'était affaibli dans le cœur de leurs enfants. Non, la Vendée aimait et regrettait profondément ses Princes malheureux et exilés. Chaque Vendéen eût encore versé pour eux jusqu'à la dernière goutte de son sang, mais les masses ne se remuent pas comme des individus. En se confiant donc à cette fidélité connue et éprouvée d'une population entière, il fallait aussi tenir compte des circonstances qui pouvaient entraîner ou développer son essor (1). »

« Ce serait se faire une idée fausse du caractère vendéen de croire qu'il soit disposé à se lancer à la légère dans toutes les tentatives d'insurrection et de guerre civile. La Vendée, personne ne l'ignore aujourd'hui, avec un cœur ardent, un courage impétueux et un dévouement absolu, a la tête calme et réfléchie. Doué d'un sens très droit et et d'une finesse de tact que l'on ne supposerait pas cachés sous une enveloppe grossière, le paysan vendéen raisonne froidement et calcule, avec prudence, les chances plus ou moins favorables des sacrifices qu'il s'impose volontairement et dont il ne se dissimule pas l'étendue (2). »

Il faut aussi distinguer deux classes de Vendéens : celle des gros bourgs ou des petites villes et celle des campagnes. Si les premiers sont plus accessibles à l'entraînement des circonstances, si on les décide facilement à prendre part à une insurrection au moyen d'une solde régulière, tel n'est pas l'habitant de la campagne. En quittant son foyer, il laisse derrière lui une famille et des intérêts qu'il expose à la fureur de l'ennemi, son sacrifice est plus grand, il est donc plus lent à prendre un parti et il regarde à deux fois avant de se jeter dans les chances de la guerre.

En 1832, les paysans eurent le temps d'examiner la situation sous toutes ses faces : ils jugèrent le moment inopportun et les moyens insuffisants : aussi ne voulurent-ils pas se lancer dans une lutte qui leur paraissait d'autant plus périlleuse qu'ils devaient être seuls à la soutenir.

Les conseillers de la duchesse de Berry ne se pénétrèrent pas assez de ces principes, et leurs rapports, — quoique

(1) *Mémoires*, IIe partie, ch. X, page 4.
(2) *Mémoires*, IIe partie, ch. X, page 6.

sincères, — « lui présentèrent la situation sous un jour absolument faux ». Il en résulta que les mesures prescrites ne furent pas en harmonie avec les habitudes et les coutumes des Vendéens.

« En effet, on veut leur donner une organisation régulière qui leur est antipathique. On veut les former en bataillons, en régiments, en brigades.

« On leur impose des chefs nouveaux.

« On annonce successivement plusieurs époques de soulèvement et on oublie que *le paysan vendéen veut être libre d'indiquer le moment où il courra aux armes.*

« On agit enfin avec la Vendée comme si l'impulsion ne devait pas venir d'elle. »

A ces difficultés morales vinrent s'ajouter des obstacles matériels, dont les principaux furent le manque d'armes et de munitions, — les visites domiciliaires qui dévoilèrent tous les projets, — la quantité considérable de troupes continuellement tenues en éveil par les bandes de réfractaires, — enfin, les nombreuses patrouilles qui, en parcourant le pays en tous sens, coupèrent les communications entre les organisateurs de l'insurrection.

On eut le tort, surtout, d'annoncer que la Vendée ne serait appelée à prendre les armes que dans certaines circonstances parfaitement déterminées. Plusieurs officiers en avaient fait une condition absolue de leur concours et leur défection, basée sur l'inexécution de ces clauses, fut désastreuse. On avait également commis une faute en affirmant aux paysans que leur triomphe ne serait pas douteux, grâce à certains appuis, à de puissants secours, à une corrélation d'attaques simultanées ; lorsqu'ils virent, en effet, que cet appui faisait défaut, que ces secours ne se montraient pas, que cette attaque avait échoué, leur confiance s'évanouit devant une telle diminution de leurs chances de succès, et ils crurent que, dans de telles conditions, la lutte n'était plus possible.

D'autres circonstances furent également très défavorables à cette insurrection de 1832, organisée sous une mauvaise étoile.

Lorsque la France avait envoyé des troupes à Ancône, l'Europe avait fait entendre des protestations mêlées de menaces, mais la convention du 16 avril 1832, en apaisant cette irritation générale, avait dissipé tout bruit de conflagration et enlevé au soulèvement vendéen une diversion qui lui eût été si utile.

A l'intérieur, Louis-Philippe venait d'enrayer, par une répression sanglante, les tentatives du parti républicain. Les Royalistes, quoique mus par des croyances divergentes et défendant des principes absolument différents, ne pouvaient plus compter sur une opposition qui servait leur cause, en affaiblissant l'ennemi commun.

Rassuré ainsi sur la situation étrangère, triomphant à Paris et dans la Vendée, le Gouvernement de Juillet aurait pu garder intacts ses lauriers et user généreusement de la victoire. Il redoubla, au contraire, de sévérité. La Vendée fut mise en état de siège ; on décréta contre elle des mesures de rigueur et on lui fit payer cher ses velléités de révolte.

Le comte d'Autichamp fut naturellement une des premières victimes des représailles. Ayant été informé que la duchesse de Berry n'était plus dans le Bocage, il était revenu au château du Pin, espérant obtenir des renseignements sur sa retraite et pouvoir se rapprocher d'elle. On sait comme le séjour de Nantes fut tenu secret ! D'Autichamp, du reste, — malgré son désir, — n'aurait pu se rendre près de la Princesse. Souffrant de plus en plus de sa blessure à la jambe, il dut garder un repos absolu pendant six semaines.

Ce fut au Pin qu'il apprit l'accusation qui venait d'être portée contre lui : forcé de s'exiler pour se soustraire à l'exécution d'une sentence capitale, il quitta brusquement la France et alla se réfugier en Italie.

Cependant, lorsqu'il se vit exclu de l'amnistie d'avril 1837, il résolut de faire reviser son procès et, le 3 novembre de l'année suivante, la Cour d'Orléans prononça en sa faveur un verdict d'acquittement, dû, en grande partie, à la franchise de ses explications et à l'éloquence de son défenseur, Me Janvier.

Ne pouvant plus désormais se consacrer aux œuvres de dévouement qui, jusqu'alors, avaient si noblement rempli son existence, il jugea son rôle terminé.

C'était l'heure pour lui de revivre par le souvenir, et, dans la retraite qu'il s'imposait, le repos et l'isolement allaient succéder aux agitations glorieuses de sa jeunesse.

D'Autichamp puisa dans ce long passé d'honneur, non seulement les plus légitimes fiertés, mais aussi la consolation des amertumes et des épreuves dont il fut tant de fois abreuvé !

Le Roi avait été son unique pensée, la constante préoccupation de sa vie, le seul but de ses actions, et c'est en regrettant de ne pouvoir le servir encore qu'il vécut à la Rochefaton jusqu'au 6 octobre 1859, entouré de l'affection des siens et de la vénération de tous !

TABLE

DES NOMS DE PERSONNES ET DE LIEUX CITÉS DANS L'OUVRAGE

TABLE DES MATIÈRES

INTRODUCTION

PREMIÈRE PARTIE — 1793, 1796, 1799.

CHAPITRE PREMIER. — 1793.

CHAPITRE II. — 1796.

CHAPITRE III. — 1799.

DEUXIÈME PARTIE. — 1815.

CHAPITRE PREMIER

CHAPITRE II

CHAPITRE III

CHAPITRE IV

CHAPITRE V

CHAPITRE VI

TROISIÈME PARTIE. — 1832.

CHAPITRE PREMIER

CHAPITRE II

CHAPITRE III

CHAPITRE IV

7562. — Poitiers, Imprimerie Blais, Roy et Cie, 7, rue Victor-Hugo.

www.ingramcontent.com/pod-product-compliance
Ingram Content Group UK Ltd.
Pitfield, Milton Keynes, MK11 3LW, UK
UKHW021138260726
13994UKWH00001B/192